Andrea
Gottfreund

SAUERTEIG
für Anfänger

Mit Tipps und Tricks zum
perfekten Sauerteig

Bassermann

Inhalt

Vorwort

In der Welt des Backens ist der Sauerteig ein Mysterium und seine Herstellung ein Geheimnis – so jedenfalls kam es mir früher vor. Ich habe mich daher lange Zeit nicht an das Backen mit Sauerteig herangewagt. Doch dann ist es passiert: Ich bekam meinen ersten Sauerteigstarter geschenkt. Es blieb mir also nichts anderes übrig, als mich mit dem Thema zu befassen. Am Anfang war ich sehr unsicher. Wie sollte ich den Sauerteig am Leben erhalten? Welches Brot konnte ich damit backen? Wie konnte ich ihn richtig einsetzen? Es fehlte mir an den Grundlagen, und ich musste mir Wissen aneignen.

Meine ersten Recherchen erbrachten eine Flut von Informationen – allerdings gespickt mit Begriffen, die ich nicht kannte. Vieles, was es da zu lesen gab, erschloss sich mir zu dieser Zeit nicht, aber Aufgeben war keine Option. Bald verstand ich, dass es verschiedene Herangehensweisen gibt. Ich begann, zu experimentieren, und die Erfolge stellten sich ein: herzhafte Brote, knusprige Brötchen und sogar süßes Gebäck, machten Lust auf mehr. An all dies hatte ich im Zusammenhang mit Sauerteig nicht gedacht.

Inzwischen bin ich eine überzeugte Sauerteig-Bäckerin und möchte meine Erfahrung in Form von Rezepten und Tipps mit Ihnen teilen. Ich möchte Sie mit diesem Buch ermutigen, sich an den Sauerteig heranzuwagen. Sobald Sie jedoch etwas geübter sind, können Sie sich auch an Varianten versuchen. Probieren Sie aus, was Ihnen gut von der Hand geht und am besten schmeckt – mit etwas Geduld wird Ihnen Ihr perfektes Brot gelingen!

Aber bevor Sie loslegen, sollten Sie sich mit den Grundbegriffen vertraut machen, die ich an den Anfang des Buchs gestellt habe. Und damit Sie nicht von Fachbegriffen verwirrt werden, habe ich das Vorgehen so einfach und anschaulich wie möglich für Sie erklärt.

Ein gutes Ergebnis hängt nicht allein von technischem Können ab. Backen Sie mit allen Sinnen und entwickeln Sie das richtige Gespür. Wie fühlt sich der ideale Teig an? Wann habe ich die perfekte Kruste? Wie luftig soll die Krume sein? Wie duftet das Brot, wenn es richtig gebacken ist? Und wie ist der Geschmack Ihrer Brötchen, wenn Sie sich wirklich Zeit lassen, sie zu kosten? Schöpfen Sie alle diese Möglichkeiten aus, um Erfahrungen zu sammeln und sich in Ihrer Backkunst zu perfektionieren.

Ich wünsche Ihnen viel Erfolg!

Ihre

Andrea Gottfreund

Die Grundausstattung

AUSSERDEM:

- Küchenmaschine
- Waage
- scharfes Messer
- Backschüsseln
- Sprühflasche
- gusseiserner Topf
- Backhandschuhe

Sauerteig, was ist das eigentlich?

Sauerteig ist ein hervorragendes Backtriebmittel und dient zur Teiglockerung. Es handelt sich dabei um ein fermentiertes Gemisch aus Mehl und Wasser. Hefepilzsporen und Milchsäurebakterien aus den Zutaten und der Umgebungsluft setzen den Prozess der Fermentation in Gang, in dessen Verlauf sich Gase bilden.

Das Gluten, das Klebeeiweiß im Getreide, verleiht dem Teig Elastizität, weshalb durch die Gase Bläschen im Teig entstehen können. Das führt zu einer Vergrößerung seines Volumens – der Teig „geht auf".

Neben den Gasen entstehen auch Säuren, die für den typischen Sauerteiggeschmack verantwortlich sind. Eine strikte Einhaltung der Rezeptvorgaben für den Sauerteig ist unverzichtbar, um die Mikroorganismen in Balance zu halten und die Entwicklung unerwünschter Bakterien zu verhindern, die den Teig verderben würden.

Der erste Sauerteig

Dieser erste Sauerteig ist das Triebmittel, das für alle Sauerteigbackwaren benötigt wird. In der Bäckereifachsprache wird er als „Spontansauer" bezeichnet. Spontansauer kann nicht nur aus Roggenvollkornmehl hergestellt werden. Dinkel- und Weizenvollkornmehl eignen sich ebenso. Ich persönlich bevorzuge es allerdings, auch Dinkelbackwaren mit Roggensauerteig zu backen. Zum Herstellen eines solchen Spontansauers werden drei Dinge benötigt:

- Mehl
- Wasser
- ein großes Schraubglas (mindestens 1 Liter Fassungsvermögen)

Tag 1:

50 g Roggenvollkornmehl

50 ml Wasser

Das Mehl und das Wasser in einem sauberen Schraubglas vermengen und abgedeckt – mit locker aufgelegtem Deckel – 24 Stunden bei Raumtemperatur (20–25 °C) stehen lassen. Am besten ist allerdings eine Temperatur von 25–28 °C, die im Backofen bei eingeschalteter Leuchte erreicht wird. Vor allem im Winter ist das eine gute Lösung.

Tag 2:

50 g Roggenvollkornmehl

50 ml Wasser

Das Mehl und das Wasser in das Schraubglas geben und vermengen. Wieder den Deckel locker auflegen und 24 Stunden bei Raumtemperatur (20–25 °C) oder im Backofen bei eingeschalteter Leuchte (25–28 °C) stehen lassen.

Tag 3:

50 g Roggenvollkornmehl

50 ml Wasser

Es sollten sich nun schon Blasen und eine Porung gebildet haben. Jetzt beginnt der Teig, sauer zu werden. Das Mehl und das Wasser zugeben, vermengen, den Deckel locker auflegen und 24 Stunden bei Raumtemperatur (20–25 °C) oder im Backofen bei eingeschalteter Leuchte (25–28 °C) stehen lassen.

Tag 4:

50 g Roggenvollkornmehl

50 ml Wasser

Das Mehl und das Wasser zugeben, vermengen, den Deckel locker auflegen und 24 Stunden bei Raumtemperatur (20–25 °C) oder im Backofen bei eingeschalteter Leuchte (25–28 °C) stehen lassen.

Tag 5:

Der Spontansauer ist fertig.

Vom Spontansauer zum Anstellgut

Ein Teil des Spontansauers – die Menge variiert je nach Rezept – wird direkt zum Backen verwendet. Vom Rest werden ca. 30 g in ein sauberes Schraubglas gefüllt und im Kühlschrank aufbewahrt. Dieser Teil des ursprünglichen Spontansauers wird auch „Anstellgut", „Grundsauer" oder „Anstellsauer" genannt. Im Buch verwende ich den Begriff „Anstellgut".

Was dann noch übrig ist, kann etwa eine Woche lang im Kühlschrank aufbewahrt werden. Dieser Rest wird etwas antrocknen, kann aber durch die Zugabe von Mehl und Wasser zu gleichen Teilen – 1 Teil Sauerteig, 1 Teil Roggenvollkornmehl, 1 Teil Wasser – reaktiviert und dann zum Backen verwendet werden. Für die Aktivierung eines Rests von 50 g benötigen Sie also 50 g Roggenvollkornmehl und 50 ml Wasser.

Meist haben Sie mehr Anstellgut zur Verfügung als Sie benötigen. Solche Reste müssen Sie keinesfalls wegwerfen! Sammeln Sie das überschüssige Anstellgut in einem Schraubglas und bewahren Sie es im Kühlschrank auf. Wenn sich eine größere Menge angesammelt hat, verwenden Sie diese für ein Rezept, für das viel Anstellgut benötigt wird. Wie wäre es mit Muffins oder Pancakes? Für diese süßen Rezepte ist zudem keine Aktivierung des Anstellguts erforderlich.

Seit das letzte Sauerteigbrot gebacken wurde, steht im Kühlschrank nun das Schraubglas mit 30 g Anstellgut. Dieses bedarf der Pflege. Dazu das Glas regelmäßig einmal pro Woche aus dem Kühlschrank nehmen, Wasser und Roggenvollkornmehl hinzufügen – wie zuvor 1 Teil Sauerteig, 1 Teil Roggenvollkornmehl, 1 Teil Wasser –, umrühren und zurückstellen. Der Vorgang wird „füttern" genannt. Falls Ihr Anstellgut aus Dinkel- oder Weizenvollkornmehl sein sollte, achten Sie darauf, es grundsätzlich mit derselben Mehlsorte zu füttern.

Wenn das Anstellgut durch die Fütterung gereift ist und auch die Menge deutlich zugenommen hat, können Sie wieder backen. Sie beginnen damit, das Anstellgut so aufzuteilen, wie Sie das zuvor mit dem Spontansauer getan haben: einen Teil direkt verbacken, einen Teil als neues Anstellgut aufbewahren und weiterfüttern, und wenn noch etwas übrig ist, diesen Rest zur zeitnahen Verwendung in den Kühlschrank stellen. Anstellgut hat einen angenehmen mild säuerlichen Geruch, der etwas an Joghurt erinnert. Werden die bereits vorhandenen Hefen längere Zeit nicht mit Mehl versorgt, beginnen Sie Fuselalkohole zu produzieren, die sich dunkel auf der Oberfläche des Anstellguts absetzen. Diese Flüssigkeit einfach abgießen und wie gewohnt füttern.

Die Aktivierung des Anstellguts

Bevor Sie das Anstellgut als Triebmittel in Sauerteigbackwaren verwenden, sollten Sie es vor jedem Backvorgang aktivieren. Durch diese letzte Fütterung wird das Anstellgut sein Potenzial als Triebmittel voll entfalten. Die Triebkraft des Sauerteigs ist entscheidend für das Volumen des Brotes, daher sollte auf die Aktivierung des Anstellguts am Vortag des Backtags nicht verzichtet werden. Bei vielen Rezepten in diesem Buch wird mit einem Vorteig gearbeitet, welcher mit dem bereits aktiven Anstellgut angereichert wird. Mit der Begrifflichkeit „Zur Aktivierung des Anstellguts" ist also die Zubereitung des Vorteigs gemeint.

GRUNDREZEPT

Sauerteigbrot

Zutaten für 1 Brot

ZUR AKTIVIERUNG DES ANSTELLGUTS

200 ml Wasser (ca. 35 °C)

25 g Roggensauerteig-Anstellgut

200 g Roggenmehl, Type 997

HAUPTTEIG

350 ml Wasser (ca. 35 °C)

550 g Roggenmehl, Type 997 (plus Mehl zum Bearbeiten)

15 g Steinsalz

Nach Belieben:

½ TL Kümmel, zerstoßen

¼ TL Fenchelsamen, zerstoßen

VORBEREITUNG

Das runde Gärkörbchen mit Mehl bestäuben

Das Backblech mit Dauerbackfolie auslegen

Die Edelstahlform mit Lavasteinen befüllen

Eine Sprühflasche mit Wasser bereitstellen

Am Vortag

Für die Aktivierung das Anstellgut mit dem Wasser in eine Schüssel geben und gut verrühren. Das Mehl dazugeben und zu einem Teig verrühren. Seine Konsistenz sollte der eines Rührteigs ähneln. Die Schüssel gut abdecken und das Anstellgut an einem warmen Ort mindestens 12 Stunden gehen lassen. Das Anstellgut am Vorabend aktivieren, wenn man am folgenden Tag backen möchte.

Achtung: Nicht vergessen, 30 g als Anstellgut im Schraubglas in den Kühlschrank zu stellen!

Am Backtag

1. Alle Zutaten zusammen in die Schüssel der Küchenmaschine geben und auf niedriger Stufe 5 Minuten miteinander verkneten. Dann eine höhere Geschwindigkeitsstufe wählen und für weitere 5 Minuten kneten. Wundern Sie sich nicht: Anders als zum Beispiel Hefeteig ist dieser Teig ziemlich klebrig. Die Schüssel abdecken und den Teig bei Raumtemperatur (20–25 °C) 40 Minuten ruhen lassen.
2. Die Arbeitsfläche mit Mehl bestäuben, den Teig zunächst in eine runde Form bringen – man nennt den Vorgang „Rundwirken". Dabei wird unter die Teigkugel auf der Arbeitsplatte gegriffen, der Teig angepackt, nach außen gezogen und über der Teigkugel eingeschlagen. Dieser Vorgang wird rundum mehrfach wiederholt. Durch das Überschlagen des Teigs entsteht oben eine Faltung, die beim Brotbacken „Schluss" genannt wird, während auf der unten liegenden Seite der Teigkugel eine glatte Oberfläche entsteht. Falls gewünscht, die Teigkugel in eine längliche Form bringen.
3. Die Teigkugel beziehungsweise den länglich geformten Teig mit dem Schluss nach unten in das Gärkörbchen legen und für 2,5 Stunden bei 25–28 °C gehen lassen. Die Teigoberfläche weist nun eine deutliche Marmorierung auf, was anzeigt, dass er „reif" ist und nun gebacken werden kann. Sollten an der Oberfläche erste Löcher auftauchen, ist es höchste Zeit zum Backen, da der Teig sonst in die Übergare kommt. Durch eine zu starke Fermentierung wird das Backergebnis beeinträchtigt: die Krume wird unregelmäßig, und im schlimmsten Fall fällt das Brot ganz in sich zusammen.

4. Die Edelstahlform mit den Lavasteinen auf den Boden des Backofens stellen und den Ofen auf 250 °C (Ober- und Unterhitze) vorheizen.
5. Den Teigling, also das ungebackene Brot, vorsichtig aus dem Gärkörbchen heben und mit dem Schluss nach unten auf das Backblech setzen. 5 Minuten ruhen lassen, dann das Backblech mit dem Brotlaib auf die mittlere Schiene des Backofens schieben.
6. Nach 2 Minuten Wasser – etwa 1 Tasse – auf die Lavasteine geben und das Brot 15 Minuten bei geschlossener Ofentür bedampfen. Dieser Vorgang wird auch „schwaden" genannt. Dann die Ofentür kurz öffnen, um den restlichen Wasserdampf entweichen zu lassen.
7. Die Temperatur auf 210 °C reduzieren und das Brot 50 Minuten ausbacken. Aus dem Ofen nehmen und überprüfen, ob das Brot gut durchgebacken ist.
8. Ist das Brot durchgebacken, kommt es zum Abkühlen auf einen Gitterrost. Am besten schmeckt das Roggensauerteigbrot nach einer Ruhezeit am nächsten Tag.

Backzeit: 65 Minuten

Ist mein Brot durchgebacken?

Es gibt eine einfache Möglichkeit, um festzustellen, ob das Brot durchgebacken ist. Nehmen Sie das Brot aus dem Ofen und schließen Sie die Backofentür, um die Wärme zu halten, für den Fall, dass das Brot noch länger gebacken werden muss. Klopfen Sie nun auf die Unterseite des Brots: Wenn sich das hohl anhört, ist das Brot fertig, falls nicht, muss es noch für ein paar weitere Minuten in den Backofen zurück. Wer ganz sicher sein will, verwendet ein Backthermometer und misst die Kerntemperatur. Diese sollte zwischen 95 und 98 °C liegen.

Wie Sie sehen, ist das Backen eines Sauerteigbrots kein Hexenwerk. Die Arbeiten sind schnell erledigt, und man braucht nicht besonders viel backhandwerkliches Geschick. Beim Roggensauerteig kommt hinzu, dass nicht einmal viel geknetet werden muss – oder besser gesagt: Man kann ihn nicht kneten, weil er dazu zu klebrig ist. Lediglich das Formen der Brotlaibe ist echte Handarbeit.

Ein paar Dinge sind jedoch so wichtig, dass ich sie hier beim Grundrezept gerne zusammenfassen möchte:

- Die Zutaten sollten stets von einwandfreier Qualität sein. Ein exzellentes Mehl ist der Garant für ein schmackhaftes Brot. Die von mir in den Rezepten verwendeten Mehlsorten haben Bio-Qualität. Ich beziehe sie direkt von einer Mehlmühle.
- Die Ruhezeiten sollten unbedingt eingehalten werden. Eine zu kurze oder zu lange Teigruhe gefährdet das Backergebnis.
- Vertrauen Sie Ihren Sinnen: Ist die Teigoberfläche glatt und der Duft angenehm säuerlich, ist alles in bester Ordnung!
- Üben Sie sich in Geduld und schneiden Sie Ihr Roggensauerteigbrot nicht an, ohne dass es nach dem Backen ruhen konnte und schon gar nicht, solange es noch warm ist!

Das Dehnen und Falten

Das Dehnen und Falten verbessert die Teigstruktur. Es fördert zudem die Fermentation und damit den Geschmack. Außerdem wird durch das Dehnen und Falten Luft im Teig eingeschlossen, wodurch das Brot besonders locker wird.

Das Vorgehen ist einfach: Den Teig an einer Seite packen, vorsichtig auseinanderziehen, einschlagen und über den restlichen Teig legen. Die Schüssel oder das Backbrett um 90° drehen und den Vorgang wiederholen. Danach noch zweimal drehen, dehnen und falten. Die erste Runde mit dehnen und falten ist geschafft.

In den Rezepten wird angegeben, wie lange der Teig zwischen den Runden ruhen muss. Es gibt kleine Abweichungen, vor allem bei den Brötchen, wo die gegenüberliegenden Seiten nacheinander gedehnt und gefaltet werden. Gedreht wird dann nach der ersten Faltung um 180°, nach der zweiten um 90° und nach der dritten wieder um 180°.

Brot backen mit und ohne Wasserdampf

Brot und Brötchen brauchen im Backofen genügend Zeit, um aufzugehen. Ist die Kruste zu schnell fest, kann sich der Teig beim Backen nicht weiter ausdehnen. Deshalb wird beim Backen mit Wasserdampf gearbeitet, der den Teig außen länger elastisch hält. Das Bedampfen von Brot wird auch „schwaden" genannt. Da nur zu Beginn der Backzeit bedampft wird, entsteht trotzdem eine knusprige Kruste. Der Backofen benötigt genug Zeit zum Aufheizen, um die richtige Backtemperatur zu erreichen.

In diesem Buch wurden Lavasteine in einer Edelstahlschale auf den Boden des Backofens gestellt und diese dann mit Wasser befeuchtet, sobald das Brot oder die Brötchen in den vorgeheizten Backofen geschoben werden oder wenige Minuten danach.

Die Lavasteine bekommt man überall, wo es Grillbedarf gibt, weil sie auch für Gasgrills Verwendung finden. Backformen aus Edelstahl sind in Fachgeschäften für Haushaltswaren und im Onlinehandel erhältlich.

Wer nicht gerne mit heißem Wasserdampf hantiert, kann seine Brote auch alternativ in einem gusseisernen Topf oder einer speziellen Brotform backen. Bei geschlossenem Deckel wird der Dampf, der zu Beginn der Backzeit entsteht, im Topf gehalten. Je länger das Brot im Ofen ist, desto weniger Dampf befindet sich im Topf. Daher entsteht auch im geschlossenen Topf eine schöne Kruste. Gegen Ende der Backzeit wird der Deckel abgenommen.

Warnhinweis

Sie sollten besonders vorsichtig sein, wenn Sie mit heißem Wasserdampf hantieren, damit es nicht zu Verletzungen kommen kann. Es gilt besonders, wenn Sie am Ende des Bedampfens die Backofentür öffnen, um Wasserdampf entweichen zu lassen. Stellen Sie sich am besten seitlich zur Backofentür bzw. Backschublade Ihres Ofens.

Roggenmischbrot

Zutaten für 1 Brot

ZUR AKTIVIERUNG DES ANSTELLGUTS

15 g Roggensauerteig-Anstellgut

180 ml Wasser (ca. 35 °C)

180 g Roggenmehl, Type 1150

FÜR DEN HAUPTTEIG

200 ml Wasser (ca. 35 °C)

220 g Weizenmehl, Type 550
(plus Mehl zum Bearbeiten)

180 g Roggenmehl, Type 1150

15 g Steinsalz

VORBEREITUNG

Das längliche Gärkörbchen mit Mehl bestäuben

Das Backblech mit Dauerbackfolie auslegen

Die Edelstahlform mit Lavasteinen befüllen

Ein scharfes Messer bereitlegen

Eine Sprühflasche mit Wasser bereitstellen

Am Vortag

Für die Aktivierung das Anstellgut mit dem Wasser und dem Mehl in eine Schüssel geben und gut verrühren. Die Schüssel gut abdecken und das Anstellgut an einem warmen Ort mindestens 12 Stunden gehen lassen.

Am Backtag

1. Das aktivierte Anstellgut mit dem Wasser und den beiden Mehlsorten in die Rührschüssel der Küchenmaschine geben und alles auf niedriger Stufe 5–10 Minuten miteinander verkneten. Den Teig abdecken und bei Raumtemperatur (20–25 °C) 20 Minuten ruhen lassen.
2. Das Salz hinzufügen und in den Teig einkneten, bis es sich gut verteilt hat. Weiterkneten, bis der Teig eine gute Bindung aufweist. Den Teig nochmals 10 Minuten abgedeckt ruhen lassen.
3. Die Arbeitsfläche mit Mehl bestäuben, den Teig zunächst in eine runde Form, dann in eine längliche Form bringen und mit dem Schluss nach oben in das längliche Gärkörbchen legen. Für mindestens 2 Stunden bei Raumtemperatur (20–25 °C) gehen lassen. In dieser Zeit sollte sich das Volumen deutlich vergrößert haben. Bei Bedarf die Gehzeit etwas verlängern.
4. Die Edelstahlform mit den Lavasteinen auf den Boden des Backofens stellen und den Ofen auf 250 °C Ober- und Unterhitze vorheizen.
5. Den „Teigling", so wird das ungebackene Brot oder ungebackene Brötchen genannt, vorsichtig aus dem Gärkörbchen auf das Backblech stürzen und mit einem scharfen Messer so einschneiden, dass in der Kruste ein Muster entsteht. Das Backblech auf mittlerer Schiene in den Ofen schieben.
6. Nach 2 Minuten Wasser auf die Lavasteine sprühen und 15 Minuten bei geschlossener Ofentür bedampfen. Dann die Ofentür kurz öffnen, um den restlichen Wasserdampf entweichen zu lassen. Die Temperatur auf 200 °C reduzieren und das Brot weitere 40–50 Minuten ausbacken.
7. Das Brot aus dem Backofen nehmen und auf einem Gitterrost gut auskühlen lassen.

Backzeit: 55–65 Minuten

Röggelchen

Zutaten für 8–10 Brötchen

ZUR AKTIVIERUNG DES ANSTELLGUTS

25 g Roggensauerteig-Anstellgut

150 ml Wasser (ca. 35 °C)

150 g Roggenmehl, Type 997

3 g Steinsalz

FÜR DEN HAUPTTEIG

150 ml Wasser (ca. 35 °C)

6 g Steinsalz

12 g Rübensirup

260 g Roggenmehl, Type 997 (plus Mehl zum Bearbeiten)

VORBEREITUNG

Ein Leinen- oder Bäckertuch bereitlegen

Das Backblech mit Dauerbackfolie auslegen

Die Edelstahlform mit Lavasteinen befüllen

Eine Sprühflasche mit Wasser bereitstellen

Am Vortag

Für die Aktivierung das Anstellgut mit dem Wasser in eine Schüssel geben und gut verrühren. Das Roggenmehl und das Salz dazugeben und zu einem Teig verrühren. Die Konsistenz sollte der eines Rührteigs ähneln. Die Schüssel gut abdecken und das Anstellgut an einem warmen Ort mindestens 12–16 Stunden gehen lassen.

Am Backtag

1. Das aktivierte Anstellgut mit dem Wasser, dem Salz und dem Rübensirup in die Rührschüssel der Küchenmaschine geben. Dann das Roggenmehl dazugeben. Alles auf niedriger Stufe 5 Minuten zu einem mittelfesten Teig verkneten. Den Teig abdecken und 50–60 Minuten bei einer Raumtemperatur von 20–25 °C ruhen lassen.
2. Die Arbeitsfläche mit Mehl bestäuben und den Teig zu einem Rechteck mit 2 cm Höhe formen. Dieses in in 8–10 gleichgroße Teiglinge portionieren. Auf ein bemehltes Leinen- oder Bäckertuch setzen und für mindestens 2 Stunden bei Raumtemperatur (20–25 °C) gehen lassen, bis der Teig schön aufgegangen ist. Die Oberfläche darf dabei gerne aufreißen!
3. Die Edelstahlform mit den Lavasteinen auf den Boden des Backofens stellen und den Ofen auf 230 °C Ober- und Unterhitze vorheizen.
4. Die Teiglinge auf das vorbereitete Backblech mit genügend Abstand setzen. Das Backblech auf die mittlerer Schiene in den Ofen schieben und dann direkt das Wasser auf die Lavasteine sprühen. Bei geschlossener Ofentür bedampfen.
5. Nach 15 Minuten die Ofentür kurz öffnen, um den restlichen Wasserdampf abzulassen. Die Temperatur auf 200 °C reduzieren und die Brötchen in ca. 25 Minuten fertig backen. Die Röggelchen aus dem Ofen nehmen und auf einem Gitterrost gut auskühlen lassen.

Weizenbrot

Zutaten für 1 Brot

ZUR AKTIVIERUNG DES ANSTELLGUTS

20 g Weizensauerteig-Anstellgut

100 ml Wasser (ca. 35 °C)

100 g Weizenmehl, Type 550

FÜR DEN HAUPTTEIG

350 ml Wasser (ca. 35 °C)

425 g Weizenmehl, Type 550 (plus Mehl zum Bearbeiten)

75 g Weizenvollkornmehl

12 g Steinsalz

VORBEREITUNG

Eine kleine Schale mit Wasser befüllen

Ein rundes Gärkörbchen mit Mehl bestäuben

Das Backblech mit Dauerbackfolie auslegen

Ein scharfes Messer bereitlegen

Die Edelstahlform mit Lavasteinen befüllen

Eine Sprühflasche mit Wasser bereitstellen

Am Vortag

Für die Aktivierung das Anstellgut mit dem Wasser und dem Mehl in eine Schüssel geben und gut verrühren. Die Schüssel abdecken und das Anstellgut an einem warmen Ort über Nacht gehen lassen.

Am Backtag

1. In einer Rührschüssel Wasser mit dem aktivierten Anstellgut vermengen. Die beiden Mehlsorten dazugeben und mit den Händen 10 Minuten gut durchkneten. Zum Schluss das Salz zugeben und so lange kneten, bis es gut eingearbeitet ist. Den Teig abdecken und bei Raumtemperatur (20–25 °C) für 60 Minuten ruhen lassen.
2. Ein kleine Schale bereitstellen und die Finger mit Wasser benetzen – dadurch klebt der Teig beim Dehnen und Falten (siehe Seite 16) nicht an den Händen. Nun den Teig das erste Mal dehnen und falten. Dazu wird der Teig an einer Seite gepackt, vorsichtig auseinandergezogen und dann gefaltet. Nach jeder Faltung wird die Schüssel um 90 Grad gedreht. Den Teig abgedeckt bei Raumtemperatur (20–25 °C) 40 Minuten ruhen lassen.
3. Das Dehnen und Falten des Teigs in der Schüssel wiederholen und ihn 60–90 Minuten ruhen lassen.
4. Das Dehnen und Falten des Teigs in der Schüssel wiederholen und ihn 60 Minuten ruhen lassen.
5. Das Dehnen und Falten des Teigs in der Schüssel wiederholen. Den Teig aus der Schüssel auf die Arbeitsfläche gleiten lassen und mit angefeuchteten Fingern eventuell entstandene große Blasen wegdrücken.
6. Den Teig von jeder Seite zur Mitte falten und umdrehen, damit der Schluss nach unten liegt. Sie können den Teig auch mit den Händen oder einem Teigschaber rundwirken.
7. Den Teigling auf der Arbeitsfläche nicht abgedeckt 40 Minuten ruhen lassen. Danach die Oberfläche mit etwas Mehl oder Reismehl bestäuben, vorsichtig mithilfe des Teigschabers von der Arbeitsfläche ablösen, umdrehen und mit den Fingern den Teig etwas auseinanderdrücken.

8. Den Teigling von der langen Seite zur Mitte einschlagen und dann von der kurzen Seite aus straff aufwickeln. Dabei darauf achten, dass die Luftblasen nicht ausgedrückt werden. Den Laib mit dem Schluss nach oben in das vorbereitete Gärkörbchen legen. Den Schluss mit den Fingern zusammendrücken und den Teigling 45 Minuten abgedeckt bei Raumtemperatur (20–25 °C) ruhen lassen. Dann für 8–12 Stunden in den Kühlschrank stellen.

9. Am nächsten Tag den Backofen mit der Edelstahlform mit Lavasteinen bei 250 °C Ober- und Unterhitze aufheizen. Den Teigling so auf das vorbereitete Backblech setzen, dass der Schluss nach unten liegt. Den Teig mittig einschneiden. Das Backblech in den Ofen schieben, Wasser auf die Lavasteine geben und kräftig bedampfen. Nach 5–10 Minuten die Temperatur auf 200 °C senken, den restlichen Dampf entweichen lassen und das Weizenbrot weitere 45–50 Minuten fertig backen.

10. Das Brot aus dem Ofen nehmen und auf einem Gitterrost gut auskühlen lassen.

Backzeit: 50–60 Minuten.

Weizenbrötchen

Zutaten für 8–10 Brötchen

ZUR AKTIVIERUNG DES ANSTELLGUTS

10 g Weizensauerteig-Anstellgut

75 ml Wasser (ca. 35 °C)

50 g Weizenvollkornmehl

FÜR DEN HAUPTTEIG

120 ml Wasser (ca. 35 °C)

5 g Honig

2 g Backhefe
(ein ca. erbsengroßes Stück)

400 g Weizenvollkornmehl
(plus Mehl zum Bearbeiten)

8 g Steinsalz

VORBEREITUNG

Ein Bäckertuch oder ein anderes Leinentuch bereitlegen

Das Backblech mit Dauerbackfolie auslegen

Ein scharfes Messer bereitlegen

Die Edelstahlform mit Lavasteinen befüllen

Eine Sprühflasche mit Wasser bereitstellen

Am Vortag

Für die Aktivierung das Anstellgut mit dem Wasser und dem Mehl in eine Schüssel geben und gut verrühren. Die Konsistenz sollte der eines Rührteigs ähneln. Die Schüssel gut abdecken und das Anstellgut an einem warmen Ort mindestens 12 Stunden gehen lassen.

Am Backtag

1. Das aktivierte Anstellgut mit Wasser, Honig und Backhefe in einer Rührschüssel mit den Händen gut verkneten.
2. Das Weizenvollkornmehl mit dem Salz vermischen. Alle Zutaten einschließlich des Anstellguts in die Rührschüssel der Küchenmaschine geben und auf mittlerer Stufe 10 Minuten miteinander verkneten. Den Teig abdecken und bei Raumtemperatur (20–25 °C) 30 Minuten ruhen lassen.
3. Den Teig so lange gut durchkneten, bis er nicht mehr klebt, dann aus der Schüssel auf die Arbeitsfläche geben. Den Teig portionsweise mit dem Teigschaber abstechen. Dreieckige Brötchen formen und mit genügend Abstand auf das Backblech setzen. Die Teiglinge mit etwas Wasser besprühen und mit Mehl, z. B. in Form eines Dreiecks, bestäuben.
4. Die Teiglinge abgedeckt weitere 45–90 Minuten bei Raumtemperatur (20–25 °C) ruhen lassen. Hier gilt: Je höher die Raumtemperatur, desto kürzer die Gehzeit.
5. Die Edelsteinform mit den Lavasteinen in den Backofen stellen und auf 250 °C Ober- und Unterhitze vorheizen. Dann das Backblech einschieben und die Brötchen kräftig bedampfen.
6. Nach 10 Minuten die Temperatur auf 220 °C absenken und den restlichen Dampf entweichen lassen.
7. Die Brötchen nach weiteren 10 Minuten aus dem Backofen nehmen und auf einem Rost abkühlen lassen.

Backzeit: 20 Minuten

Weizentoastbrot

Zutaten für 1 Toastbrot

ZUR AKTIVIERUNG DES ANSTELLGUTS

15 g Weizensauerteig-Anstellgut

50 ml Wasser (ca. 35 °C)

50 g Weizenmehl, Type 550

FÜR DEN HAUPTTEIG

180 ml Wasser (ca. 35 °C)

30 g Honig

380 g Weizenmehl, Type 550 (plus Mehl zum Bearbeiten)

8 g Steinsalz

30 g Butter, weich

ZUM BESTREICHEN

1 Eigelb vermischt mit etwas Milch

VORBEREITUNG

Das Gärkörbchen mit Mehl bestäuben

Die Kastenform (21 × 12 × 11 cm) mit Fett ausstreichen und mit Mehl bestäuben

Am Vortag

Für die Aktivierung das Anstellgut mit dem Wasser in einem Schraubglas gut verrühren. Das Weizenmehl dazugeben und zu einem klebrigen Teig verrühren. Das Glas abdecken und das Anstellgut an einem warmen Ort über Nacht gehen lassen.

Am Backtag

1. Das aktivierte Anstellgut mit Wasser und Honig in einer Rührschüssel mit den Händen gut verkneten.
2. Das Weizenmehl mit dem Salz vermischen, dann alle Zutaten zusammen in die Rührschüssel der Küchenmaschine geben und auf mittlerer Stufe 10 Minuten miteinander verkneten. Nach und nach die Butter zugeben. Den Teig abdecken und zuerst bei Raumtemperatur (20–25 °C) 8 Stunden ruhen lassen und dann über Nacht in den Kühlschrank stellen.
3. Am nächsten Tag den Teig aus der Schüssel auf die Arbeitsfläche geben und mit einem Nudelholz zu einer gleichmäßig dicken rechteckigen Platte ausrollen. Von der langen Seite her straff aufrollen, dann in 4 Teile teilen und diese mit den langen Seiten eng aneinander in die vorbereitete Kastenform geben. Der Teigling muss nun wieder ruhen, bis sich sein Volumen verdoppelt hat. Je nach Raumtemperatur kann das bis zu 3 Stunden dauern.
4. Den Backofen auf 200 °C Ober- und Unterhitze vorheizen. Inzwischen den Teigling auf der Oberfläche mit der Mischung aus Eigelb und Milch bestreichen und für ca. 45 Minuten im Backofen auf mittlerer Schiene goldbraun backen.
5. Das Toastbrot aus dem Ofen nehmen und vor dem Anschneiden 1 Stunde auf einem Gitterrost auskühlen lassen.

Backzeit: 45 Minuten

Dinkelbrot

Zutaten für 1 Brot

ZUR AKTIVIERUNG DES ANSTELLGUTS

20 g Roggensauerteig-Anstellgut

100 ml Wasser (ca. 35 °C)

100 g Dinkelmehl, Type 630

FÜR DEN HAUPTTEIG

350 ml Wasser (ca. 35 °C)

580 g Dinkelmehl, Type 630 (plus Mehl zum Bearbeiten)

10 g Salz

1 TL Honig

1 EL milden Weißweinessig (nach Geschmack mehr)

VORBEREITUNG

Kleine Schale mit Wasser befüllen

Rundes Gärkörbchen mit Mehl bestäuben

Das Backblech mit Dauerbackfolie auslegen

Ein scharfes Messer bereitlegen

Die Edelstahlform mit Lavasteinen befüllen

Eine Sprühflasche mit Wasser bereitstellen

Am Vortag

Für die Aktivierung das Anstellgut mit dem Wasser und dem Mehl in eine Schüssel geben und gut verrühren. Die Schüssel abdecken und das Anstellgut an einem warmen Ort über Nacht gehen lassen.

Am Backtag

1. In einer Rührschüssel das Wasser mit dem aktivierten Anstellgut vermengen. Das Dinkelmehl dazugeben und mit den Händen 10 Minuten gut durchkneten. Zum Schluss das Salz, den Honig und den Weißweinessig zugeben und so lange kneten, bis alles gut eingearbeitet ist. Den Teig abdecken und bei Raumtemperatur (20–25 °C) für 6–8 Stunden ruhen lassen.
2. Jetzt wird der Teig zum ersten Mal gedehnt und gefaltet (siehe Seite 16). Die Finger mit Wasser befeuchten. Den Teig an einer Seite packen, vorsichtig auseinanderziehen, einschlagen und über den restlichen Teig in der Schüssel legen. Nun die Schüssel um 90° drehen und den Vorgang wiederholen. Mit der dritten und vierten Seite ebenso verfahren. Den Teig abdecken und 40 Minuten bei Raumtemperatur (20–25 °C) ruhen lassen.
3. Den Teig in der Schüssel erneut dehnen und falten, anschließend 60–90 Minuten ruhen lassen.
4. Den Teig in der Schüssel zum dritten Mal dehnen und falten, anschließend 60 Minuten ruhen lassen.
5. Nach der vierten Runde mit Dehnen und Falten den Teig aus der Schüssel auf die Arbeitsfläche gleiten lassen. Mit angefeuchteten Fingern große Blasen wegdrücken.
6. Den Teig von jeder Seite zur Mitte falten. Dann umdrehen, damit der Schluss nach unten liegt, und mit den Händen oder einem Teigschaber in eine schöne runde Form bringen. Auf der Arbeitsfläche unabgedeckt 40 Minuten ruhen lassen.
7. Die Oberfläche mit etwas Mehl oder Reismehl bestäuben, vorsichtig mit dem Teigschaber umdrehen und mit den Fingern den Teig in eine längliche Form bringen. Nun von den langen Seiten her zur Mitte einschlagen und dann von der kurzen Seite her straff aufrollen. Dabei darauf achten, dass die Luftblasen nicht ausgedrückt werden. In das vorbereitete Gärkörbchen legen, wobei der Schluss nach oben liegen sollte. Diesen nun

mit den Fingern zusammendrücken. Das Gärkörbchen abdecken und den Teigling 45 Minuten bei Raumtemperatur (20–25 °C) ruhen lassen, anschließend für 8–12 Stunden in den Kühlschrank stellen.

8. Am nächsten Tag den Teigling auf das vorbereitete Backblech setzen, wobei der Schluss unten liegen sollte. Den Teig mittig einschneiden.
9. Die Edelstahlform mit den Lavasteinen in den Backofen stellen und auf 250 °C Ober- und Unterhitze vorheizen. Das Backblech in den Ofen schieben, Wasser auf die Lavasteine sprühen und kräftig bedampfen. Nach 10 Minuten die Temperatur auf 200 °C senken und den restlichen Dampf entweichen lassen. 45 Minuten weiterbacken. Dann das Brot aus dem Ofen nehmen und auf einem Gitterrost gut auskühlen lassen.

Backzeit: 55 Minuten

Hinweis

Der Teig ist in der Konsistenz schon etwas weicher als beispielsweise der Roggenbrotteig. Der Umgang mit dem Teig ist daher etwas schwieriger, aber Mühe und Geduld lohnen sich für dieses leckere offenporige Brot.

Dinkelbrötchen
RUSTICA

Zutaten für 8 Brötchen

ZUM AKTIVIEREN

10 g Roggensauerteig-Anstellgut

50 ml Wasser (ca. 35 °C)

50 g Dinkelvollkornmehl

HAUPTTEIG

350 g Dinkelmehl, Type 630
(plus Mehl zum Bearbeiten)

150 g Weizenmehl, Type 1050

80 ml Milch (lauwarm)

130 ml Wasser

10 g Rübensirup

10 g Steinsalz

1 EL Wasser (ca. 35 °C)

VORBEREITUNG

Ein Bäckertuch oder ein anderes Leinentuch bereitlegen

Das Backblech mit Dauerbackfolie auslegen

Ein scharfes Messer bereitlegen

Die Edelstahlform mit Lavasteinen befüllen

Eine Sprühflasche mit Wasser bereitstellen

Am Vortag

Für die Aktivierung das Anstellgut mit dem Wasser und dem Mehl in einem Schraubglas gut verrühren. Das Glas abdecken und das Anstellgut an einem warmen Ort über Nacht gehen lassen.

Am Backtag

1. Das aktivierte Anstellgut zusammen mit den beiden Mehlsorten, der Milch, dem Wasser und dem Rübensirup in der Küchenmaschine bei niedriger Geschwindigkeit verkneten. Dann den Teig abgedeckt 30 Minuten bei Raumtemperatur (20–25 °C) ruhen lassen.
2. Das Salz in 1 EL Wasser auflösen und in die Rührschüssel geben. Alles auf mittlerer Stufe 10 Minuten miteinander verkneten. Den Teig abdecken und bei Raumtemperatur (20–25 °C) etwa 30 Minuten ruhen lassen.
3. Den Teig zum ersten Mal dehnen und falten (siehe Seite 16) und etwa 30 Minuten abgedeckt ruhen lassen. Dann ein weiteres Mal dehnen und falten und anschließend 30 Minuten abgedeckt ruhen lassen. Ein letztes Mal dehnen und falten, dann abgedeckt für 12 Stunden in den Kühlschrank stellen.
4. Den Teig aus der Schüssel auf die Arbeitsfläche geben und mit den Händen vorsichtig auseinanderziehen. Nun Teiglinge in der gewünschten Größe abstechen und formen, indem die jeweils gegenüberliegenden Seiten übereinandergeklappt werden. Die geformten Teiglinge mit dem Schluss nach unten auf ein bemehltes Bäckertuch legen und abgedeckt weitere 45 Minuten bei Raumtemperatur (20–25 °C) gehen lassen. Auf den Oberseiten sternförmig einschneiden.
5. Die Edelstahlform mit den Lavasteinen in den Backofen stellen und auf 250 °C Ober- und Unterhitze vorheizen.
6. Das Backblech in den Ofen schieben. Wasser auf die Lavasteine sprühen und kräftig bedampfen.
7. Nach 10 Minuten die Temperatur auf 210 °C senken, den restlichen Dampf entweichen lassen und die Brötchen 10–15 Minuten fertig backen.

Backzeit: 20–25 Minuten

Dinkelstangen

MIT SCHWARZEN OLIVEN

Zutaten für ca. 15 Stangen

ZUR AKTIVIERUNG DES ANSTELLGUTS

10 g Roggensauerteig-Anstellgut

40 ml Wasser (ca. 35 °C)

40 g Dinkelvollkornmehl

FÜR DEN HAUPTTEIG

350 g Dinkelvollkornmehl

3 g Backhefe
(= Kugel von 1,8 cm Ø)

150 ml Wasser (ca. 35 °C)

100 ml natives Olivenöl

10 g Steinsalz

20 g schwarze Oliven
(kleingeschnitten)

VORBEREITUNG

Ein Leinen- oder Bäckertuch bereitlegen

Das Backblech mit Dauerbackfolie auslegen

Am Vortag

Für die Aktivierung das Anstellgut mit dem Wasser in einem Schraubglas gut verrühren. Das Mehl dazugeben und zu einem klebrigen Teig verrühren. Das Glas abdecken und das Anstellgut an einem warmen Ort über Nacht gehen lassen.

Am Backtag

1. Alle Zutaten einschließlich des aktivierten Anstellguts mit der Hand in einer Schüssel verkneten. Den Teig abgedeckt 2 Stunden bei Raumtemperatur (20–25 °C) ruhen lassen.
2. Den Teig zum ersten Mal dehnen und falten (siehe Seite 16) und etwa 30 Minuten abgedeckt ruhen lassen. Dann ein weiteres Mal dehnen und falten und anschließend 30 Minuten abgedeckt ruhen lassen.
3. Den Teig mit einem Nudelholz 3–5 mm dick ausrollen und in schmale Streifen von 10 cm Länge und 1 cm Breite schneiden. Diese auf ein bemehltes Bäckertuch legen und 45 Minuten gehen lassen.
4. Den Backofen auf 180 °C Ober- und Unterhitze aufheizen.
5. Die Teigstreifen längs um sich selbst winden, auf das Backblech legen, in den Backofen schieben und etwa 20 Minuten backen, bis sie schön knusprig sind.

Backzeit: 20 Minuten

Sie lieben helle Dinkelstangen?

Wer die Dinkelstangen lieber heller haben möchte, kann auch Dinkelmehl Type 630 verwenden. In diesem Fall muss die Wassermenge auf 80 ml reduziert werden.

Haferbrot
MIT FRISCHKÄSE

Zutaten für 1 Brot

ZUR AKTIVIERUNG DES ANSTELLGUTS

20 g Weizensauerteig-Anstellgut

50 ml Wasser (ca. 35 °C)

50 g Weizenvollkornmehl

FÜR DAS QUELLSTÜCK

60 g Haferflocken (kernig)

200 ml Wasser (heiß)

FÜR DEN HAUPTTEIG

120 ml Wasser (ca. 35 °C)

100 g Frischkäse (Natur)

300 g Weizenmehl, Type 550 (plus Mehl zum Bearbeiten)

150 g Weizenvollkornmehl

15 g Steinsalz

10 g Honig

VORBEREITUNG

Ein Bäckertuch oder ein anderes Leinentuch bereitlegen

Kastenform (23 × 11 × 9,5 cm) bereitstellen

Haferflocken (kernig), für die Kastenform bereitstellen

Die Edelstahlform mit Lavasteinen befüllen

Eine Sprühflasche mit Wasser bereitstellen

Am Vortag

Für die Aktivierung das Anstellgut mit dem Wasser und dem Mehl in einem Schraubglas gut verrühren. Das Glas abdecken und das Anstellgut an einem warmen Ort über Nacht gehen lassen.

Für das Quellstück die Haferflocken mit dem heißen Wasser verrühren und abgedeckt bei Raumtemperatur (20–25 °C) 6 Stunden quellen lassen.

Am Backtag

1. Das aktivierte Anstellgut, das Quellstück, das Wasser, den Frischkäse und die beiden Mehlsorten in die Schüssel einer Küchenmaschine geben und bei niedriger Stufe 10 Minuten zu einem Teig verkneten.
2. Das Salz und den Honig zum Teig geben und diesen zuerst 8 Minuten auf mittlerer Stufe und anschließend weitere 2 Minuten auf höherer Stufe kneten. Dann den Teig abgedeckt 60 Minuten gehen lassen.
3. Den Teig in der Schüssel zum ersten Mal dehnen und falten (siehe Seite 16), dann 30 Minuten gehen lassen. Erneut dehnen und falten, dann 90 Minuten gehen lassen.
4. Eine Arbeitsfläche bemehlen und den Teig von Hand zunächst in eine runde, dann in eine längliche Form bringen. Die Kastenform fetten und mit den Haferflocken ausstreuen – auch an den Seiten. Den Teigling mit dem Schluss nach unten in die vorbereitete Kastenform legen und abgedeckt bei Raumtemperatur (20–25 °C) etwa 1 Stunde ruhen lassen. Das Teigvolumen sollte sich in dieser Zeit verdoppeln. Danach den Teigling längs einschneiden, mit etwas Wasser besprühen und mit den kernigen Haferflocken bestreuen.
5. Die Edelstahlform mit den Lavasteinen in den Backofen stellen und auf 250 °C Ober- und Unterhitze vorheizen. Die Kastenform auf dem Gitterrost in den Ofen schieben, Wasser auf die Lavasteine sprühen und kräftig bedampfen. Die Temperatur nach 10 Minuten auf 210 °C senken und den restlichen Dampf entweichen lassen. Nach 40 Minuten aus dem Ofen nehmen und auf einem Gitterrost abkühlen lassen.

Backzeit: 50 Minuten

Joghurtkruste

Zutaten für 1 Brot

ZUR AKTIVIERUNG DES ANSTELLGUTS

20 g Roggensauerteig-Anstellgut

90 ml Wasser (ca. 35 °C)

90 g Roggenmehl, Type 997

FÜR DEN HAUPTTEIG

200 ml Wasser (ca. 35 °C)

120 g griechischer Joghurt (10 % Fettanteil)

250 g Dinkelmehl, Type 630

250 g Roggenvollkornmehl

3 g Backhefe (= eine Kugel mit 1,8 cm Ø)

10 g Steinsalz

VORBEREITUNG

Ein rundes Gärkörbchen mit Mehl bestäuben

Das Backblech mit Dauerbackfolie auslegen

Die Edelstahlform mit Lavasteinen befüllen

Eine Sprühflasche mit Wasser bereitstellen

Am Vortag

Für die Aktivierung das Anstellgut mit dem Wasser in einem Schraubglas gut verrühren. Das Mehl dazugeben und zu einem klebrigen Teig verrühren. Das Glas abdecken und das Anstellgut an einem warmen Ort über Nacht gehen lassen.

Am Backtag

1. Das Wasser und den Joghurt in die Rührschüssel der Küchenmaschine geben und verrühren. Die restlichen Zutaten für den Hauptteig dazugeben und alles ca. 5 Minuten bei niedriger Stufe zu einem weichen Teig verkneten. Dann den Teig abdecken und bei Raumtemperatur (20–25 °C) für 6–8 Stunden ruhen lassen. Alternativ den Teig 1 Stunde bei Raumtemperatur (20–25 °C) und dann über Nacht im Kühlschrank gehen lassen.
2. Nach der Ruhezeit den Teig zu einem Laib formen und mit dem Schluss nach unten in das Gärkörbchen legen. Den Teig für weitere 2 Stunden bei Raumtemperatur (20–25 °C) gehen lassen.
3. Die Edelstahlform mit den Lavasteinen in den Backofen stellen und auf 250 °C vorheizen.
4. Den Teig aus dem Gärkörbchen auf das Backblech stürzen und dieses in den Ofen schieben. Die Lavasteine mit Wasser besprühen und das Brot kräftig bedampfen.
5. Die Temperatur nach 10 Minuten auf 230 °C senken und den restlichen Dampf entweichen lassen.
6. Nach 45–50 Minuten aus dem Ofen nehmen und auf einem Gitterrost abkühlen lassen.

Backzeit: 55–60 Minuten

Sonnenblumenbrot
AUS DEM TOPF

Zutaten für 1 Brot

ZUR AKTIVIERUNG DES ANSTELLGUTS

22 g Weizensauerteig-Anstellgut

130 ml Wasser (max. 35 °C)

130 g Weizenmehl, Type 550

FÜR DEN HAUPTTEIG

150 g Sonnenblumenkerne

420 ml Wasser (ca. 35 °C)

150 g Roggenvollkornmehl

220 g Weizenmehl, Type 1050 plus Mehl zum Bearbeiten

220 g Dinkelmehl, Type 630

15 ml Sonnenblumenöl

15 g Steinsalz

10 g Rübensirup oder Honig

WEITERE VORBEREITUNGEN

Ein Gärkörbchen mit Mehl und mit Sonnenblumenkernen ausstreuen

Einen Gitterrost bereitstellen

Einen gusseisernen Topf (24 cm Ø) mit einer runden Dauerbackmatte oder Backpapier auslegen

Am Vortag

Für die Aktivierung das Anstellgut mit dem Wasser und dem Mehl in einer Schüssel verrühren. Die Konsistenz sollte der eines Rührteigs ähneln. Die Schüssel gut abdecken und das Anstellgut an einem warmen Ort mindestens 12 Stunden gehen lassen.

Am Backtag

1. Die Sonnenblumenkerne in einer heißen Pfanne ohne Zugabe von Fett leicht anrösten. Zum Abkühlen auf einen Teller geben.
2. Alle Zutaten einschließlich des aktivierten Anstellguts in die Rührschüssel der Küchenmaschine geben und 5 Minuten auf niedriger Stufe und anschließend 5 Minuten auf höherer Stufe kneten. Dann den Teig abdecken und bei Raumtemperatur (20–25 °C) 60 Minuten ruhen lassen.
3. Die Arbeitsfläche mit Mehl bestäuben. Den Teig mit den Handflächen etwas flach drücken und dann von allen Seiten zur Mitte hin falten. Danach in eine runde Form bringen. Den Teig mit dem Schluss nach unten in das vorbereitete Gärkörbchen legen und die Oberseite mit Weizenmehl bestäuben. Dann für 2 Stunden bei mindestens 22 °C gehen lassen.
4. Um zu sehen, ob der Brotteig gut genug gegangen ist, mit dem Finger leicht hineindrücken. Wenn eine Delle entsteht, die sich zurückbildet, sodass nur eine flache Mulde bleibt, ist der Teig backfertig.
5. Den Backofen mit dem Topf auf 250 °C Ober- und Unterhitze vorheizen.
6. Den Teigling aus dem Gärkörbchen vorsichtig in den Topf stürzen – Achtung heiß! Den Deckel auflegen, damit die Feuchtigkeit eingeschlossen wird. Den Topf auf den Rost stellen, diesen im unteren Drittel in den Backofen schieben und zunächst 30 Minuten backen. Dann den Deckel abnehmen und weitere 20 Minuten backen.
7. Den gusseisernen Topf aus dem Backofen holen, das Brot entnehmen und auf einem Gitterrost vollständig auskühlen lassen.

Backzeit: 50 Minuten

Landbrot
AUS DEM TOPF

Zutaten für 1 Brot

ZUR AKTIVIERUNG DES ANSTELLGUTS

22 g Roggensauerteig-Anstellgut

130 ml Wasser (ca. 35 °C)

130 g Roggenmehl, Type 1150

FÜR DEN HAUPTTEIG

420 ml Wasser (ca. 35 °C)

600 g Roggenmehl, Type 1150 (plus Mehl zum Bearbeiten)

200 g Weizenmehl, Type 1050

15 ml Rapsöl

15 g Steinsalz

VORBEREITUNG

Das Gärkörbchen mit Mehl bestäuben

Einen Gitterrost bereitstellen

Einen gusseisernen Topf (24 cm Ø) mit einer runden Dauerbackmatte oder Backpapier auslegen

Am Vortag

Für die Aktivierung das Anstellgut mit dem Wasser und dem Mehl in einer Schüssel verrühren. Die Konsistenz sollte der eines Rührteigs ähneln. Die Schüssel gut abdecken und das Anstellgut an einem warmen Ort mindestens 12 Stunden gehen lassen.

Am Backtag

1. Alle Zutaten einschließlich des Anstellguts in die Rührschüssel der Küchenmaschine geben und 5 Minuten auf niedriger Stufe und weitere 5 Minuten auf höherer Stufe kneten. Den Teig abdecken und bei Raumtemperatur (20–25 °C) 60 Minuten ruhen lassen.
2. Die Arbeitsfläche mit Mehl bestäuben. Den Teig mit den Handflächen etwas flach drücken und dann von allen Seiten zur Mitte hin falten. Danach den Teig in eine runde Form bringen und mit dem Schluss nach unten in das Gärkörbchen legen. Die Oberseite mit Mehl bestäuben und für 2 Stunden bei mindestens 22 °C gehen lassen.
3. Um zu sehen, ob der Brotteig gut genug gegangen ist, mit dem Finger leicht hineindrücken. Wenn eine Delle entsteht, die sich zurückbildet, sodass nur eine flache Mulde bleibt, ist der Teig backfertig. Außerdem sollten sich Risse auf der Oberfläche bilden.
4. Den Backofen mit dem Topf auf 230 °C Ober- und Unterhitze vorheizen.
5. Den Teigling aus dem Gärkörbchen vorsichtig in den Topf stürzen – Achtung heiß! Den Deckel auflegen, damit die Feuchtigkeit erhalten bleibt. Den Topf auf den Rost stellen, diesen im unteren Drittel in den Backofen schieben und 55 Minuten backen. Wenn Sie das Brot dunkler mögen, lassen Sie es 10 Minuten länger im Ofen.
6. Den gusseisernen Topf aus dem Backofen holen, das Landbrot entnehmen und auf einem Gitterrost vollständig auskühlen lassen.

Zwiebelbrot

Zutaten für 1 Brot

ZUR AKTIVIERUNG DES ANSTELLGUTS

20 g Roggensauerteig-Anstellgut

100 ml Wasser (ca. 35 °C)

100 g Weizenmehl, Type 550

FÜR DEN HAUPTTEIG

250 ml Wasser (ca. 35 °C)

425 g Weizenmehl, Type 550 (plus Mehl zum Bearbeiten)

125 g Roggenvollkornmehl

12 g Steinsalz

70 g Röstzwiebeln

VORBEREITUNG

Kleine Schale mit Wasser

Ein längliches Gärkörbchen mit Mehl bestäuben

Das Backblech mit Dauerbackfolie auslegen

Ein scharfes Messer bereitlegen

Die Edelstahlform mit Lavasteinen befüllen

Eine Sprühflasche mit Wasser bereitstellen

Am Vortag

Für die Aktivierung das Anstellgut mit dem Wasser und dem Mehl in einer Schüssel verrühren. Die Konsistenz sollte der eines Rührteigs ähneln. Die Schüssel abdecken und das Anstellgut an einem warmen Ort über Nacht gehen lassen.

Am Backtag

1. In einer Rührschüssel Wasser mit dem aktivierten Anstellgut vermengen. Die beiden Mehlsorten dazugeben und mit den Händen ca. 10 Minuten gut durchkneten. Zum Schluss das Salz und die Röstzwiebeln zugeben und so lange kneten, bis alles gut eingearbeitet ist. Den Teig abdecken und bei Raumtemperatur (20–25 °C) für 60 Minuten ruhen lassen.
2. Die Finger mit Wasser benetzen. Nun den Teig in der Schüssel das erste Mal dehnen und falten (siehe Seite 16). Dazu den Teig an einer Seite packen, vorsichtig auseinanderziehen, einschlagen und über den restlichen Teig legen. Die Schüssel um 180° drehen und den Vorgang wiederholen. Danach um 90° drehen, dehnen und falten und zum Schluss noch einmal um 180° drehen und dehnen und falten. Den Teig 40 Minuten abgedeckt bei Raumtemperatur (20–25 °C) ruhen lassen.
3. Zum zweiten Mal wie unter 2. beschrieben dehnen und falten und anschließend 60 Minuten ruhen lassen.
4. Zum dritten Mal wie unter 2. beschrieben dehnen und falten und anschließend 30 Minuten ruhen lassen.
5. Zum vierten Mal wie unter 2. beschrieben dehnen und falten und anschließend 60 Minuten ruhen lassen.
6. Den Teig aus der Schüssel auf die Arbeitsfläche gleiten lassen. Mit angefeuchteten Fingern den Teig etwas bearbeiten und dabei große Blasen wegdrücken.
7. Den Teig von jeder Seite zur Mitte falten, umdrehen, damit der Schluss nach unten liegt, und mit den Händen oder einem Teigschaber in eine runde Form bringen. Den Teigling auf der Arbeitsfläche 40 Minuten ruhen lassen, ohne ihn abzudecken.
8. Den Teigling mit etwas Mehl oder Reismehl bestäuben, vorsichtig mithilfe des Teigschabers umdrehen und mit den Fingern etwas flachdrücken, sodass eine rechteckige Form entsteht.

9. Den Teigling von der langen Seite zur Mitte einschlagen und dann von der kurzen Seite her straff aufwickeln. Dabei darauf achten, dass die Luftblasen nicht ausgedrückt werden. Mit dem Schluss nach oben in das vorbereitete Gärkörbchen legen. Den Schluss mit den Fingern zusammendrücken und den Teigling im Gärkörbchen 45–60 Minuten (je nach Raumtemperatur) abgedeckt bei Raumtemperatur (20–25 °C) ruhen lassen. Anschließend für 8–12 Stunden in den Kühlschrank stellen.
10. Am nächsten Tag die Edelstahlform mit den Lavasteinen in den Backofen stellen und auf 250 °C Ober- und Unterhitze vorheizen.
11. Den Teigling mit dem Schluss nach unten auf das vorbereitete Backblech setzen und kreuzförmig einschneiden. Das Backblech in den Ofen schieben, Wasser auf die Lavasteine sprühen und kräftig bedampfen. Nach 10 Minuten die Temperatur auf 200 °C senken und den restlichen Dampf entweichen lassen.
12. Das Zwiebelbrot weitere 55 Minuten backen, dann aus dem Backofen nehmen und auf einem Gitterrost gut auskühlen lassen.

 **Backzeit: 65 Minuten**

Wurzelbrot
AUS VOLLKORNMEHL

Zutaten für 2 kleine Brote

ZUR AKTIVIERUNG DES ANSTELLGUTS

15 g Roggensauerteig-Anstellgut

150 ml Wasser (ca. 35 °C)

150 g Roggenvollkornmehl

FÜR DEN HAUPTTEIG

180 ml Wasser (ca. 35 °C)

250 g Weizenvollkornmehl (plus Mehl zum Bearbeiten)

150 g Roggenvollkornmehl

12 g Steinsalz

VORBEREITUNG

Ein Leinen- oder Bäckertuch bereitlegen

Das Backblech mit Dauerbackfolie auslegen

Die Edelstahlform mit Lavasteinen befüllen

Eine Sprühflasche mit Wasser bereitstellen

Am Vortag

Für die Aktivierung das Anstellgut mit dem Wasser und dem Mehl in einer Schüssel verrühren. Die Konsistenz sollte der eines Rührteigs ähneln. Nun die Schüssel gut abdecken und das Anstellgut an einem warmen Ort für mindestens 12 Stunden gehen lassen.

Am Backtag

1. Das aktivierte Anstellgut mit dem Wasser in die Rührschüssel der Küchenmaschine geben. Die beiden Mehlsorten und das Salz dazugeben und alles auf niedriger Stufe 5–10 Minuten kneten. Falls der Teig sehr fest sein sollte, etwas mehr Wasser zugeben und alles gut durchkneten. Den Teig abdecken und bei Raumtemperatur (20–25 °C) 2 Stunden ruhen lassen.
2. Den Wurzelbrotteig in der Schüssel dehnen und falten (siehe Seite 16) und anschließend 30 Minuten abgedeckt ruhen lassen. Dann erneut in der Schüssel dehnen und falten und wieder 30 Minuten ruhen lassen.
3. Die Arbeitsfläche mit Mehl bestäuben. Den Teig darauf stürzen, mit Mehl bestäuben und vorsichtig mit den Händen zu zwei Rechtecken formen. Diese in der Mitte längs halbieren. Für jeden Laib die beiden Teigstränge umeinander winden, sodass die Form eines Wurzelbrots entsteht. Beide Wurzelbrote auf ein bemehltes Tuch setzen, abdecken und bei Raumtemperatur (20–25 °C) etwa 1 Stunde ruhen lassen.
4. Die Edelstahlform mit den Lavasteinen in den Backofen stellen und auf 250 °C Ober- und Unterhitze vorheizen. Die beiden Wurzelbrote auf das Backblech legen und dieses auf mittlerer Höhe in den Ofen schieben.
5. Wasser mit der Sprühflasche auf die heißen Lavasteine sprühen und schnell die Ofentür schließen. 10 Minuten bedampfen, dann die Ofentür kurz öffnen und den Wasserdampf entweichen lassen.
6. Die Temperatur auf 230 °C reduzieren und die Brote 15 Minuten ausbacken. Die Wurzelbrote aus dem Ofen nehmen und auf einem Gitterrost gut auskühlen lassen.

Backzeit: 25 Minuten

Kürbiskernbrot
AUS DEM TOPF

Zutaten für 1 Brot

ZUR AKTIVIERUNG DES ANSTELLGUTS

20 g Roggensauerteig-Anstellgut

80 ml Wasser (ca. 35 °C)

80 g Roggenmehl, Type 997

FÜR DEN HAUPTTEIG

100 g Kürbiskerne

420 ml Wasser (ca. 35 °C)

320 g Weizenmehl, Type 550 (plus Mehl zum Bearbeiten)

270 g Dinkelmehl, Type 630

120 g Roggenmehl, Type 997

10 ml Kürbiskernöl

15 g Steinsalz

VORBEREITUNG

Das Gärkörbchen mit Mehl bestäuben und mit Kürbiskernen bestreuen

Einen Gitterrost bereitstellen

Einen gusseisernen Topf (24 cm Ø) mit einer runden Dauerbackmatte oder Backpapier auslegen

Am Vortag

Für die Aktivierung das Anstellgut mit dem Wasser und dem Mehl in einem Schraubglas verrühren. Die Konsistenz sollte der eines Rührteigs ähneln. Mit einem Deckel abdecken und das Anstellgut an einem warmen Ort mindestens 12 Stunden gehen lassen.

Am Backtag

1. Die Kürbiskerne in einer heißen Pfanne ohne Zugabe von Fett leicht anrösten und zum Abkühlen auf einen Teller geben.
2. Alle Zutaten bis auf das Salz in die Rührschüssel der Küchenmaschine geben und 5 Minuten auf niedriger Stufe miteinander verkneten. Jetzt das Salz hinzufügen und nochmals für 5 Minuten bei niedriger Geschwindigkeit kneten. Ist der Teig noch zu fest, etwas warmes Wasser (ca. 35 °C, max. 20 ml) zugeben und weiterkneten, bis es eingearbeitet ist. Den Teig abdecken und bei Raumtemperatur (20–25 °C) 60 Minuten ruhen lassen.
3. Die Arbeitsfläche mit Mehl bestäuben. Den Teig mit den Handflächen etwas flach drücken und dann von allen Seiten zur Mitte hin falten. Danach den Teig in eine runde Form bringen und mit dem Schluss nach unten in das vorbereitete Gärkörbchen legen. Die Oberseite ebenfalls mit Weizenmehl bestäuben. Für 2 Stunden bei mindestens 22 °C gehen lassen.
4. Um zu sehen, ob der Brotteig gut genug gegangen ist, mit dem Finger leicht hineindrücken. Wenn eine Delle entsteht, die sich zurückbildet, sodass nur eine flache Mulde bleibt, ist der Teig backfertig.
5. Den Backofen mit dem Topf auf 250 °C Ober- und Unterhitze vorheizen.
6. Den Teigling aus dem Gärkörbchen vorsichtig in den Topf stürzen – Achtung heiß! Den Deckel auflegen, damit die Feuchtigkeit erhalten bleibt. Den Rost mit dem Topf im unteren Drittel in den Backofen schieben und 30 Minuten backen.
7. Den Deckel entfernen und weitere 20 Minuten backen.
8. Den gusseisernen Topf aus dem Backofen holen, das Brot entnehmen und auf einem Gitterrost vollständig auskühlen lassen.

Backzeit: 50 Minuten

Karottenbrötchen

Zutaten für 10 Brötchen

ZUR AKTIVIERUNG DES ANSTELLGUTS

10 g Roggensauerteig-Anstellgut

50 ml Wasser (ca. 35 °C)

50 g Dinkelvollkornmehl

FÜR DEN HAUPTTEIG

450 g Dinkelmehl, Type 630 (plus Mehl zum Bearbeiten)

150 g Weizenmehl, Type 1050

220 ml Wasser (ca. 35 °C)

150 g Karotten, geraspelt

1 EL Apfelessig

12 g Steinsalz

1 EL Wasser (ca. 35 °C)

VORBEREITUNG

Das Backblech mit Dauerbackfolie auslegen

Ein scharfes Messer bereitlegen

Die Edelstahlform mit Lavasteinen befüllen

Eine Sprühflasche mit Wasser bereitstellen

Am Vortag

Für die Aktivierung das Anstellgut mit dem Wasser und dem Mehl in einem Schraubglas verrühren. Die Konsistenz sollte der eines Rührteigs ähneln. Das Glas abdecken und das Anstellgut an einem warmen Ort über Nacht gehen lassen.

Am Backtag

1. Alle Zutaten einschließlich des aktivierten Anstellguts in der Küchenmaschine bei niedriger Geschwindigkeit miteinander verkneten. Dann abgedeckt 30 Minuten bei Raumtemperatur (20–25 °C) ruhen lassen.
2. Das Salz in 1 EL Wasser auflösen und mit dem Teig auf mittlerer Stufe ca. 10 Minuten verkneten. Den Teig abdecken und bei Raumtemperatur (20–25 °C) 60 Minuten ruhen lassen.
3. Den Teig zum ersten Mal dehnen und falten (siehe Seite 16) und 30 Minuten abgedeckt ruhen lassen.
4. Den Teig zum zweiten Mal dehnen und falten und 30 Minuten abgedeckt ruhen lassen.
5. Den Teig zum dritten Mal dehnen und falten und 30 Minuten abgedeckt ruhen lassen.
6. Den Teig aus der Schüssel auf die gemehlte Arbeitsfläche geben und mit den Händen vorsichtig auseinanderziehen. Teiglinge in der gewünschten Größe abstechen. Die einander gegenüberliegenden Seiten von außen nach innen falten und den Teig in eine runde Brötchenform bringen. Mit dem Schluss nach unten auf ein Backblech mit Backfolie setzen und abgedeckt 30 Minuten bei Raumtemperatur (20–25 °C) ruhen lassen. Die Teiglinge danach längs einschneiden.
7. Die Edelstahlform mit den Lavasteinen in den Backofen stellen und auf 220 °C Ober- und Unterhitze vorheizen.
8. Das Backblech in den Ofen schieben, Wasser auf die Lavasteine sprühen und kräftig bedampfen. Nach 10 Minuten die Temperatur auf 180 °C senken und den restlichen Dampf entweichen lassen. Die Brötchen weitere 10–12 Minuten backen.

 **Backzeit: 20–22 Minuten**

Müslibrötchen

Zutaten für 8 Brötchen

ZUR AKTIVIERUNG DES ANSTELLGUTS

10 g Weizensauerteig-Anstellgut

75 ml Wasser (ca. 35 °C)

50 g Weizenvollkornmehl

FÜR DAS QUELLSTÜCK

80-100 g Birchermüsli (oder anderes Müsli - je nach Geschmack)

100 ml Milch

FÜR DEN HAUPTTEIG

200 ml Milch

80 ml Wasser (ca. 35 °C)

200 g Dinkelvollkornmehl

8 g Steinsalz

15 g Honig

AUSSERDEM

Haferflocken oder Müsli, um die Brötchen darin zu wälzen

VORBEREITUNG

Ein Leinen- oder Bäckertuch bereitlegen

Das Backblech mit Dauerbackfolie auslegen

Die Edelstahlform mit Lavasteinen befüllen

Eine Sprühflasche mit Wasser bereitstellen

Am Vortag

Für die Aktivierung das Anstellgut mit dem Wasser und dem Mehl in einem Schraubglas verrühren. Das Glas abdecken und das Anstellgut an einem warmen Ort über Nacht gehen lassen.

Das Müsli mit der Milch verrühren und abgedeckt bei Raumtemperatur (20–25 °C) 6 Stunden quellen lassen.

Am Backtag

1. Milch, Wasser und das aktivierte Anstellgut in eine Backschüssel geben und miteinander verrühren. Das Mehl und das gequollene Müsli hinzufügen und nur mit einem Teigspachtel vermengen – nicht kneten! Das Ganze abgedeckt bei Raumtemperatur (20–25 °C) 40 Minuten gehen lassen.
2. Anschließend alles in die Rührschüssel einer Küchenmaschine umfüllen. Salz und Honig zum Teig geben. Etwa 5 Minuten auf niedriger Stufe und dann nochmals 2 Minuten auf höherer Stufe kneten, bis ein elastischer Teig entstanden ist. Den Teig abgedeckt bei Raumtemperatur (20–25 °C) 1 Stunde gehen lassen.
3. In der Schüssel dehnen und falten (siehe Seite 16) und den Teig 1 weitere Stunde abgedeckt bei Raumtemperatur (20–25 °C) gehen lassen.
4. Die Arbeitsfläche bemehlen und den Teig darauf gleiten lassen. 8–10 gleich große Teiglinge abstechen. Diese einzeln mit den Handflächen in eine runde Form bringen. Das Tuch aus Leinen anfeuchten und die Teiglinge darauflegen. Anschließend alle Teiglinge in Müsli wälzen und mit dem Schluss nach unten auf das vorbereitete Backblech legen. Abgedeckt bei Raumtemperatur (20–25 °C) 2 Stunden ruhen lassen – das Volumen sollte sich in dieser Zeit verdoppeln.
5. Die Edelstahlform mit den Lavasteinen in den Backofen stellen und auf 220 °C Ober- und Unterhitze vorheizen.
6. Das Backblech in den Ofen schieben, die Lavasteine mit Wasser besprühen und kräftig bedampfen. Nach 10 Minuten auf 210 °C die Temperatur senken und den restlichen Dampf entweichen lassen. Die Brötchen weitere 7–10 Minuten backen.

 **Backzeit: 17–20 Minuten**

Kartoffelbrötchen

Zutaten für 8 Brötchen

ZUR AKTIVIERUNG DES ANSTELLGUTS

15 g Weizensauerteig-Anstellgut

60 ml Wasser (ca. 35 °C)

50 g Weizenvollkornmehl

FÜR DEN HAUPTTEIG

150 g vorgekochte Kartoffeln (mehlig kochend)

200 ml Buttermilch (Raumtemperatur, 20–25 °C)

450 g Weizenmehl, Type 550 (plus Mehl zum Bearbeiten)

10 g Steinsalz

1 EL Wasser (ca. 35 °C)

VORBEREITUNG

Ein Leinen- oder Bäckertuch bereitlegen

Das Backblech mit Dauerbackfolie auslegen

Ein scharfes Messer bereitlegen

Die Edelstahlform mit Lavasteinen befüllen

Eine Sprühflasche mit Wasser bereitstellen

Am Vortag

Für die Aktivierung das Anstellgut mit dem Wasser und dem Mehl in einem Schraubglas verrühren. Die Konsistenz sollte der eines Rührteigs ähneln. Das Glas abdecken und das Anstellgut an einem warmen Ort über Nacht gehen lassen.

Am Backtag

1. In einem hohen Gefäß die Kartoffeln und die Buttermilch mit dem Stabmixer pürieren.
2. Das aktivierte Anstellgut, die pürierte Kartoffelmasse und das Mehl in der Küchenmaschine bei niedriger Geschwindigkeit miteinander verkneten. Dann abgedeckt 30 Minuten bei Raumtemperatur (20–25 °C) ruhen lassen.
3. Das Salz in 1 EL Wasser auflösen, in die Rührschüssel geben und mit dem Teig gut verkneten. Alles auf mittlerer Stufe 10 Minuten miteinander verkneten. Den Teig abdecken und bei Raumtemperatur (20–25 °C) 60 Minuten ruhen lassen.
4. Danach den Teig dehnen und falten (siehe Seite 16) und anschließend 30 Minuten abgedeckt ruhen lassen. Diesen Vorgang zweimal wiederholen.
5. Den Teig aus der Schüssel auf die Arbeitsfläche geben und vorsichtig mit den Händen auseinanderziehen. Teiglinge in der gewünschten Größe abstechen, die jeweils gegenüberliegenden Seiten von außen nach innen klappen und in eine runde Form bringen. Mit dem Schluss nach unten auf ein bemehltes Bäckertuch legen und abgedeckt 30 Minuten bei Raumtemperatur (20–25 °C) ruhen lassen.
6. Die Teiglinge einmal längs einschneiden.
7. Die Edelstahlform mit den Lavasteinen in den Backofen stellen und auf 220 °C Ober- und Unterhitze vorheizen.
8. Das Backblech in den Ofen schieben, Wasser auf die Lavasteine sprühen und kräftig bedampfen. Nach 10 Minuten die Temperatur auf 200 °C senken und den restlichen Dampf entweichen lassen. Die Brötchen noch 20 Minuten backen.

 **Backzeit: 30 Minuten**

SCHWEDISCHE Zimtknoten

Zutaten für ca. 18 Stück

ZUR AKTIVIERUNG DES ANSTELLGUTS

50 g Weizensauerteig-Anstellgut

50 ml Wasser (ca. 35 °C)

50 g Weizenmehl, Type 405

15 g feiner Zucker

FÜR DEN HAUPTTEIG

630 g Weizenmehl, Type 405

220 ml Milch (3,8 %)

8 g Steinsalz

2 Eier

80 g feiner Zucker

½ TL Vanillepaste

½ TL Kardamom (gemahlen)

80 g Butter (kalt)

FÜR DIE FÜLLUNG

150 g Rohrohrzucker

100 g Butter

3 TL Zimt

1 Msp. Kardamom (gemahlen)

2 Msp. Kakaopulver (optional)

FÜR DIE DEKORATION

2 EL Hagelzucker mit
½ TL Kardamom (gemahlen)
vermischt

1 Ei (verquirlt)

Am Vortag

Für die Aktivierung das Anstellgut mit dem Wasser, dem Mehl und dem Zucker in einer Schüssel verrühren. Die Konsistenz sollte der eines Rührteigs ähneln. Das Glas abdecken und das Anstellgut an einem warmen Ort über Nacht gehen lassen.

Am Backtag

1. Für den Hauptteig alle Zutaten bis auf die Butter in die Rührschüssel einer Küchenmaschine geben und 5 Minuten auf niedriger und danach 8 Minuten auf mittlerer Stufe kneten. Dann die Butter stückchenweise dazugeben und weitere 10-15 Minuten auf mittlerer Stufe einarbeiten, bis der Teig gut ausgeknetet ist. Dann den Teig zu einer Kugel formen und 2 Stunden abgedeckt ruhen lassen (optimal bei 24 °C), dabei alle 30, 60 und 90 Minuten mit angefeuchteten Händen dehnen und falten (siehe Seite 16).
2. Nachdem der Teig fertig geruht hat, die Zutaten für die Füllung in eine Schüssel geben und sorgfältig miteinander vermischen. Es sollte eine feuchte, krümelige Masse entstehen.
3. Den Teig auf eine bemehlte Arbeitsfläche geben und rechteckig mit einem Nudelholz ausrollen. Die Teigplatte sollte eine Größe von ca. 30 × 60 cm haben und ca. 4 mm dick sein. Dann die Zimtfüllung gleichmäßig auf dem Teig verteilen. Nun die Teigplatte längs zusammenklappen und die Ränder gut andrücken. In etwa 10 Streifen mit 2 cm Breite schneiden.
4. Jeden einzelnen Streifen nochmals einschneiden, aber nicht bis zum Schluss, sondern nur bis kurz vor dem Ende. Dann werden beide Seiten umeinander gewunden und das Ganze zum Schluss zu einem Knoten geformt.
5. Das Backblech mit Dauerbackfolie auslegen. Die Knoten mit etwas Abstand auf das Backblech setzen. Abgedeckt 2 Stunden bei Raumtemperatur (20–25 °C) ruhen lassen.
6. Den Backofen auf 180 °C Ober- und Unterhitze vorheizen. Die Zimtknoten mit dem verquirlten Ei bepinseln, mit dem Hagelzucker-Kardamom-Gemisch bestreuen und für 18–20 Minuten (je nach gewünschtem Bräunungsgrad) auf mittlerer Schiene im Backofen goldbraun backen.

Pancakes

MIT HEIDELBEERKOMPOTT UND VANILLE-FRISCHKÄSE-CREME

Zutaten für 12 Pancakes

FÜR DIE PANCAKES

130 g Weizenmehl, Type 405

1 TL Backpulver

½ TL Natron

1 EL feiner Zucker

1 Prise Steinsalz

100–150 g Anstellgut

180 ml Buttermilch, zimmerwarm (alternativ Milch oder Pflanzenmilch)

2 Eier

50 g Butter (geschmolzen)

2 EL Kokosöl (zum Ausbacken)

FÜR DAS KOMPOTT

1 Packung Heidelbeeren (frisch oder tiefgekühlt), ein paar Früchte beiseitelegen

2 EL Rohrohrzucker

FÜR DIE FRISCHKÄSECREME

100 g Frischkäse (natur)

1 TL Zitronensaft

1 EL Buttermilch

1 ½ TL Vanillepaste oder 1 Päckchen Vanillezucker

1 EL Rohrohrzucker

1. Mehl, Backpulver, Natron, Zucker und Salz in einer Schüssel miteinander vermischen.
2. In einer weiteren Schüssel das Anstellgut mit der Buttermilch, den Eiern und der geschmolzenen Butter zu einer glatten Masse verrühren. Die Mehlmischung nach und nach hinzugeben und gut zu einem dickflüssigen Teig verrühren. Wenn der Teig zu fest sein sollte, noch etwas Buttermilch hinzufügen. Dann 10 Minuten ruhen lassen.
3. Für das Kompott die Heidelbeeren mit dem Rohrohrzucker in einem kleinen Topf erhitzen und dabei stetig umrühren, bis die Konsistenz eines Kompotts erreicht ist.
4. Für die Frischkäsecreme alle Zutaten in ein hohes Gefäß geben und mit einem Handmixer bearbeiten, bis eine cremige Konsistenz entstanden ist. Sollte das Ergebnis zu fest sein, noch etwas Buttermilch unterrühren.
5. Etwas von dem Kokosöl in einer beschichteten Pfanne erhitzen und pro Pancake 3 EL vom Teig zu kleinen Pfannkuchen ausbacken. Bei mittlerer Temperatur von jeder Seite 2 Minuten backen – sobald sich kleine Blasen an der Oberfläche bilden, kann der Pancake gewendet werden.
6. Die Pancakes aufschichten, das Heidelbeerkompott obenauf setzen, die zurückbehaltenen Heidelbeeren darauf geben und, wenn gewünscht, mit etwas Ahornsirup beträufeln. Mit der Frischkäsecreme servieren.

Babka

MIT KIRSCHKONFITÜRE

Zutaten für 1 Babka

FÜR DEN TEIG

350 g Weizenmehl, Type 405

50 g Rohrohrzucker

2 Prisen Steinsalz

100 ml Milch (3,8 % Fett)

1 Ei

½ TL Vanillepaste (optional)

100 g Anstellgut

50 g Butter (weich)

FÜR DIE FÜLLUNG

1 Glas dunkle Kirschkonfitüre

VORBEREITUNG

Kastenform (20 × 30 cm) mit Backpapier auslegen oder einfetten und mit Mehl bestäuben

1. Für den Hauptteig alle Zutaten - bis auf die Butter - in die Rührschüssel einer Küchenmaschine geben. 5 Minuten auf niedriger Stufe und anschließend 5 Minuten auf mittlerer Stufe kneten. Dann die Butter stückchenweise dazugeben und weitere 10 Minuten auf mittlerer Stufe einkneten, bis der Teig glatt ist. Den Teig abdecken und 4 Stunden an einem warmen Ort ruhen lassen (optimal wären 24 °C). Anschließend für mindestens 12 Stunden oder über Nacht in eine flache Form geben und in den Kühlschrank stellen.
2. Den Teig auf eine bemehlte Arbeitsfläche geben und mit einem Nudelholz zu einer Teigplatte von 35 × 35 cm ausrollen, die 1 cm dick ist. Die Kirschkonfitüre gleichmäßig auf dem Teig verteilen. Nun den Teig von der längeren Seite her zusammenklappen und die Ränder gut aneinanderdrücken.
3. Die Rolle mit der Nahtseite nach unten abgedeckt in den Kühlschrank stellen und ca. 20 Minuten ruhen lassen. Dann mit einem Messer der Länge nach einschneiden und die beiden Stränge so umeinander winden, dass ein Zopf entsteht. Die Enden vorsichtig einschlagen und den Babka in die vorbereitete Kastenform legen.
4. Den Backofen auf 200 °C Ober- und Unterhitze vorheizen. Den Babka ca. 25–30 Minuten backen, je nach Bräunungsgrad auch noch 5–10 Minuten länger im Ofen lassen. Im Anschluss gut auskühlen lassen, aus der Kastenform nehmen und, wenn gewünscht, mit ein paar gehackten Pistazienkernen bestreuen.

Backzeit: 35–40 Minuten

Dinkelwaffeln

Zutaten für 8 Waffeln

(Die Anzahl kann je nach Waffeleisen variieren)

FÜR DEN TEIG

160 g Dinkelmehl, Type 630

1 TL Backpulver

40 g feiner Zucker

1 Prise Steinsalz

100 g Anstellgut

140 ml Milch (oder Buttermilch/ Pflanzenmilch, zimmerwarm)

2 Eier

40 g Butter (geschmolzen)

1 EL Rapsöl (zum Ausbacken)

1. Das Dinkelmehl, das Backpulver, den Zucker und das Salz in einer Schüssel miteinander vermischen.
2. In einer weiteren Schüssel das Anstellgut mit der Milch, den Eiern und der geschmolzenen Butter zu einer glatten Masse verrühren. Die Mehlmischung nach und nach hinzugeben und alles gut miteinander zu einem dickflüssigem Teig verrühren. Wenn der Teig zu fest sein sollte, noch etwas Milch hinzuzufügen. 10 Minuten ruhen lassen.
3. Mit einem Backpinsel etwas Rapsöl auf beide Seiten des kalten Waffeleisens pinseln. Dann das Waffeleisen schließen, einschalten und nach Herstelleranweisung die Waffeln nach und nach ausbacken.
4. Die frischen Waffeln nach Geschmack mit Puderzucker oder Zimtzucker bestreut servieren. Sie schmecken auch mit Roter Grütze besonders lecker.

Brownies

Zutaten für 16 Brownies

HAUPTTEIG

150 g dunkle Kuvertüre (Drops)

100 g Butter

3 Eier

200 g Rohrohrzucker

½ TL Vanilleextrakt

2 Prisen Steinsalz

80 g Weizenmehl, Type 550

100 g Anstellgut

Eine Handvoll Pekannusskerne

Quadratische Kuchenform mit 22 cm Seitenlänge, ausgelegt mit Backpapier

1. Den Backofen auf 180 °C vorheizen.
2. Die Kuvertüre mit der Butter zusammen in der Mikrowelle oder im Wasserbad schmelzen. Beide Zutaten gut miteinander verrühren und abkühlen lassen.
3. Die Eier, den Rohrohrzucker, den Vanilleextrakt und das Salz in der Küchenmaschine 8 Minuten schaumig aufschlagen. Die Schoko-Butter-Mischung unterheben.
4. Das Mehl sieben und mit dem Anstellgut verrühren. Diese Masse unter die Schoko-Eier-Masse heben und nur so lange verrühren, bis der Teig glatt ist.
5. Den Teig in die vorbereitete Form füllen und die Oberfläche glatt streichen. Die Pekannusskerne gleichmäßig darauf verteilen und die Kuchenform auf der mittleren Schiene in den Backofen schieben. 20 Minuten backen – das Innere darf noch etwas klebrig sein.
6. Die Kuchenform aus dem Ofen holen und abkühlen lassen. Erst dann den Brownie aus der Form nehmen und in Stücke schneiden.

 **Backzeit: 20 Minuten**

Bananenbrot
MIT AHORNSIRUP

Zutaten für eine Kastenform (24 × 15 × 6,5 cm)

FÜR DEN TEIG

150 g Weizenmehl, Type 550

100 g Haferflocken, gemahlen

50 g Dinkelgrieß

½ Päckchen Backpulver

1 Prise Steinsalz

60 g Pekannüsse oder gemischte Nüsse

50 g Kokosöl

50 g Rohrohrzucker

½ TL Vanilleextrakt

½ TL Zimt

30 ml Ahornsirup

3 Bananen (sehr reif) plus 1 Banane für die Dekoration

120 g Anstellgut

100 ml Milch (oder Buttermilch/ Pflanzenmilch, bei Bedarf)

VORBEREITUNG

Die Kastenform mit Backpapier auslegen

1. Den Backofen auf 180 °C vorheizen.
2. Das Mehl, die gemahlenen Haferflocken, den Dinkelgrieß, das Backpulver und das Salz in einer Schüssel miteinander vermischen. Die Nüsse grob hacken und hinzugeben.
3. Das Kokosöl im Topf oder in der Mikrowelle schmelzen lassen, dann mit dem Zucker, dem Vanilleextrakt, dem Zimt und dem Ahornsirup vermischen.
4. Die drei reifen Bananen mithilfe einer Gabel zu einem Mus zerdrücken. In einer weiteren Schüssel das Anstellgut mit der Milch, der Öl-Zucker-Mischung und dem Bananenbrei zu einer glatten Masse verrühren. Die Mehlmischung nach und nach in den Bananenteig geben und alles gut miteinander verrühren. Den fertigen Teig 15 Minuten ruhen lassen.
5. Den Teig in die vorbereitete Kastenform füllen, die verbliebene Banane halbieren und auf die Teigoberfläche legen. Auf der mittleren Schiene in den Backofen schieben und 30 Minuten backen. Dann die Hitze auf 170 °C reduzieren und das Bananenbrot weitere 20 Minuten backen.
6. Um sicherzugehen, dass das Bananenbrot durchgebacken ist, die Stäbchenprobe machen. Dazu mit einem Holzstäbchen in die Mitte einstechen. Wenn kein Teig mehr am Holzstäbchen kleben bleibt, ist das Bananenbrot fertig.
7. Das durchgebackene Bananenbrot aus dem Ofen holen, abkühlen lassen und erst dann aus der Form nehmen.

Backzeit: 50 Minuten

Mohnschnecken

MIT ZITRONENFÜLLUNG

Zutaten für 18 Schnecken

ZUR AKTIVIERUNG DES ANSTELLGUTS

50 g Weizensauerteig-Anstellgut

50 ml Wasser (ca. 35 °C)

50 g Weizenmehl, Type 405

15 g feiner Zucker

FÜR DEN HAUPTTEIG

550 g Weizenmehl, Type 505

150 ml Milch (3,8 % Fett)

8 g Steinsalz

2 Eier

40 g Mohn (am besten Blaumohn)

80 g feiner Zucker

½ TL Vanillepaste

50 g Butter (kalt)

FÜR DIE FÜLLUNG

1 Glas Zitronenmarmelade oder Lemon Curd

FÜR DAS FROSTING

50 g Puderzucker

2 TL Zitronensaft

30 g Butter (weich)

80 g Frischkäse (natur, zimmerwarm)

1 EL Zesten von der Bio-Zitrone

Am Vortag

Für die Aktivierung das Anstellgut mit dem Wasser, dem Mehl und dem Zucker in einer Schüssel verrühren. Die Konsistenz sollte der eines Rührteigs ähneln. Das Glas locker abdecken und das Anstellgut an einem warmen Ort über Nacht gehen lassen.

Am Backtag

1. Für den Hauptteig alle Zutaten einschließlich dem Anstellgut bis auf die Butter in die Rührschüssel einer Küchenmaschine geben und auf niedriger Stufe 5 Minuten, danach auf mittlerer Stufe 8 Minuten kneten. Dann die Butter stückchenweise dazugeben und weitere 10-15 Minuten auf mittlerer Stufe einarbeiten, bis der Teig gut ausgeknetet ist.
2. Den Teig zu einer Kugel formen und 2 Stunden abgedeckt ruhen lassen (optimal bei 24 °C), dabei nach 30, 60 und 90 Minuten dehnen und falten (siehe Seite 16).
3. Den Teig auf eine bemehlte Arbeitsfläche geben und mit einem Nudelholz rechteckig auf eine Größe von 30 × 40 cm dünn ausrollen (ca. 4 mm). Die Zitronenmarmelade oder das Lemon Curd gleichmäßig auf der Teigplatte verteilen und diese von der langen Seite her straff aufrollen. Dann in 10 gleichgroße Stücke schneiden und diese in eine Springform von 28 cm Ø setzen. Abdecken und ca. 2 Stunden bei Raumtemperatur (20–25 °C) ruhen lassen, bis sich ihr Volumen etwas vergrößert hat.
4. Den Backofen auf 180 °C Ober- und Unterhitze vorheizen und die Schnecken 20–25 Minuten goldbraun backen.
5. Für das Frosting die Zutaten bis auf die Zesten mit einem Handrührgerät verrühren. Dann das fertige Frosting auf die lauwarmen Mohn-Zitronenschnecken streichen und mit den Zesten dekorieren.

 **Backzeit: 20–25 Minuten**

SCHWARZ-WEISSE Muffins

Zutaten für 12 Muffins

FÜR DEN MUFFINTEIG

200 g Weizenmehl, Type 550

2 TL Backpulver

½ TL Natron

1 Prise Steinsalz

2 Eier

150 g Rohrohrzucker

1 TL Vanilleextrakt

100 g Butter (geschmolzen)

40 ml Rapsöl (oder ein anderes neutrales Öl)

100 g Anstellgut

150 g saure Sahne

20 g Kakaopulver

1 EL Milch (nur bei Bedarf)

12 Muffinförmchen aus Papier

1. Das Mehl in eine Schüssel sieben und mit dem Backpulver, dem Natron und dem Salz vermischen.
2. In einer weiteren Schüssel die Eier mit dem Zucker und dem Vanilleextrakt in einer Küchenmaschine ca. 8 Minuten schaumig schlagen. Dann die geschmolzene Butter und das Öl zusammen in die Masse einlaufen lassen.
3. Das Anstellgut mit der sauren Sahne vermischen und unter die Butter-Ei-Mischung rühren. Die Mehlmischung nach und nach hinzugeben und alles zu einem dickflüssigem Teig verrühren. Von diesem ein Drittel abnehmen und darin das Kakaopulver gut verrühren. Sollte der Teig zu fest werden, etwas Milch hinzufügen.
4. Zuerst den hellen Teig auf die Muffinförmchen verteilen. Sie sind dann etwa zu zwei Dritteln gefüllt. Dann den dunklen Teig darauf geben. Beide Teigschichten vorsichtig mit einer Gabel verrühren, damit das typische Marmormuster entsteht.
5. Den Backofen auf 180 °C Ober- und Unterhitze vorheizen. Die Muffins 25–30 Minuten goldbraun backen. Gegen Ende die Stäbchenprobe ausführen. Dazu mit einem Holzstäbchen einstechen. Bleibt kein Teig mehr daran kleben, sind die Muffins durchgebacken.
6. Die Muffinförmchen aus dem Ofen nehmen und gut auskühlen lassen.

Backzeit: 25–30 Minuten

Apfelstreusel
MIT MANDELN

Zutaten für 1 Kuchen

FÜR DEN KUCHENTEIG

180 g Butter (weich)

150 g Rohrohrzucker

1 Prise Steinsalz

3 Eier

350 g Weizenmehl, Type 550

2 TL Backpulver

100 g Anstellgut

100–120 ml Buttermilch (alternativ Milch oder Pflanzenmilch)

FÜR DEN BELAG

3–4 Äpfel (z.B. Boskop)

1 Spritzer Zitronensaft

1 EL Rohrohrzucker

½ TL Zimt

100 g Mandeln (gehobelt)

FÜR DIE STREUSEL

100 g Weizenmehl, Type 405

70 g Butter (kalt)

1 Päckchen Vanillezucker

½ TL Zimt

Puderzucker (zur Dekoration)

Runde Springform, 24 cm Ø, gebuttert und mit Mehl bestreut

1. Die Butter mit dem Zucker und dem Salz in einer Küchenmaschine 5 Minuten schaumig schlagen. Nach und nach die Eier unterrühren.
2. Das Mehl mit dem Backpulver vermischen. In einer weiteren Schüssel das Anstellgut mit der Buttermilch verrühren und unter die Butter-Ei-Mischung geben. Die Mehlmischung nach und nach hinzufügen und alles gut miteinander zu einem dickflüssigem Teig verrühren. Falls der Teig zu fest sein sollte, noch etwas Buttermilch hinzugeben. Den fertigen Teig 20 Minuten ruhen lassen.
3. Für den Belag die Äpfel waschen, vierteln, entkernen und in feine Halbmonde schneiden. Diese mit dem Zitronensaft beträufeln und mit dem Zucker und dem Zimt vermengen. Dann die Mandelblättchen zugeben.
4. Für die Streusel werden alle Zutaten miteinander vermischt und entweder mit den Händen oder einem Handrührgerät zu Streuseln verknetet.
5. Den Backofen auf 180 °C Umluft vorheizen.
6. Den Teig in die vorbereitete Backform geben und glatt streichen. Die Apfelscheiben gleichmäßig darauf verteilen. Als Letztes werden die Streusel verteilt.
7. Den Kuchen in den Backofen schieben und 50 Minuten goldbraun backen. Kontrollieren Sie nach 35 Minuten: Sollte der Kuchen zu dunkel werden, die Oberfläche mit einem Stück Alufolie abdecken.
8. Den Kuchen aus dem Ofen nehmen, gut auskühlen lassen und dann erst die Backform vom Kuchen lösen. Vor dem Servieren mit Puderzucker bestreuen.

 **Backzeit: 50 Minuten**

Cranberry Cookies
MIT WEISSER SCHOKOLADE

Zutaten für 20 Cookies

FÜR DEN COOKIE-TEIG

150 g Butter (weich)

100 g Rohrohrzucker

1 TL Vanilleextrakt

100 g Anstellgut

150 g Weizenmehl, Type 550

1 TL Backpulver

1 Prise Steinsalz

100 g Schoko-Chunks (weiß)

100 g Cranberrys

2 Backbleche mit Dauerbackfolie oder Backpapier ausgelegt

1. Die Butter, den Zucker und den Vanilleextrakt mit der Küchenmaschine oder dem Handrührgerät 5 Minuten schaumig rühren. Dann das Anstellgut unterheben.
2. Das Mehl in eine Schüssel sieben und mit dem Backpulver und dem Salz vermischen. Die Mehlmischung nach und nach in den Teig geben und gut verrühren. Zum Schluss die Schoko-Chunks und die Cranberrys unter den Teig mischen.
3. Den Cookie-Teig mit einem Esslöffel portionsweise mit genügend Abstand auf die vorbereiteten Backbleche setzen.
4. Den Backofen auf 180 °C Ober- und Unterhitze vorheizen.
5. Das erste Backblech in den Backofen schieben und die Cookies für 15–20 Minuten goldbraun backen. Das erste Backblech aus dem Ofen nehmen und das zweite in den Ofen schieben. Nach 15-20 Minuten herausnehmen.
6. Die Cookies nach dem Backen gut auskühlen lassen.

Fragen und Antworten rund um den Sauerteig

Was bedeuten eigentlich die Typenangaben bei den Mehlsorten?

Die Typenangabe zeigt an, wie fein ein Mehl ausgemahlen ist. Die gängigste Mehlsorte im Supermarkt ist das feine Weizenmehl Type 550, das sich sehr gut für Weißbrot und Kuchen eignet, die noch feinere Type 405 ist ebenfalls weitverbreitet. Bei den gröberen Mehlsorten lohnt sich der Blick in die Bioabteilung von Super- oder Drogeriemärkten. Type 1050 ist gröber als Type 550 und macht das Weizenbrot kräftiger. Dasselbe gilt für das Dinkelmehl Type 630. Das Roggenmehl Type 997 eignet sich für dunkles, herzhaftes Brot, Type 1150 ist fein ausgemahlen. Wer hier eine besonders hohe Qualität schätzt, kauft beim Erzeuger, was meist online möglich ist. Bei Vollkornmehlen wird auf eine Typenangabe verzichtet.

Wie kann ich den klebrigen Teig gut mit den Händen bearbeiten?

Bevor Sie den Teig in die Hand nehmen, sollte er mit Mehl bestäubt werden, da er sonst an den Fingern kleben bleibt. Ist das Mehl, das dazu verwendet wird, dasselbe, aus dem der Teig besteht, kann der Teig beim Bearbeiten schnell erneut klebrig werden. Wird anstelle von Roggenmehl jedoch Reismehl, das von Natur aus glutenfrei ist, zum Bestäuben verwendet, ist das Problem schnell gelöst, denn wo kein Klebeeiweiß ist, kann nichts kleben!

Warum schmeckt mein Brot zu sauer?

Sauerteigbrote schmecken immer etwas säuerlich, aber ein wirklich saurer Geschmack zeigt, dass die Teigsäuerung etwas zu stark ist. Eine Verkürzung der Gehzeit ist das Mittel der Wahl.

Warum hat mein Brot große Poren in dichter Krume?

Dies könnte ein Hinweis darauf sein, dass die Menge des Anstellguts zu gering war. Auch eine Verlängerung der Gehzeit und eine höhere Temperatur beim Gehen können das Problem beheben.

Wie kommt es, dass mein Brot fade schmeckt?

Der Sauerteig gibt den Sauerteigbroten ihr unvergleichliches Aroma. Was aber tun, wenn das Brot nicht schmackhaft ist? Sollte das Ergebnis zu fade sein, ist die Teigsäuerung zu gering, was durch eine Verlängerung der Gehzeit behoben werden kann.

Was tun, wenn das Brot zu flach ist?

Wenn das Brot nicht genug Volumen entwickelt, kann das an einer zu starken Teigsäuerung liegen. Versuchen Sie es mit einer Verkürzung der Gehzeit des Anstellguts.

Was tun, wenn das Brot vertikale Risse in der Krume hat?

Ein senkrechter Riss in der Krume geht auf eine zu starke Teigsäuerung zurück. Verkürzen Sie die Gehzeit des Anstellguts, um eine perfekte Krume zu erhalten.

Wie verhindere ich, dass das Brot horizontale Risse in der Krume bekommt?

Manchmal kommt es vor, dass das Brot nach dem Backen einen Riss in der Krume hat. Verläuft dieser Riss horizontal, dann ist das ein Hinweis auf eine zu geringe Teigsäuerung. Eine Verlängerung der Gehzeit des Anstellguts behebt das Problem.

Wie kann ich Problemen beim Gehen des Teigs vorbeugen?

Um ideale Vorbedingungen für das Gehen des Teigs zu schaffen, sollten Sie stets darauf achten, dass alle verwendeten Zutaten möglichst dieselbe Temperatur haben.

Warum kann die benötigte Wassermenge variieren?

Auf das Mehl kommt es an – denn Mehl ist nicht gleich Mehl. Jedes Mehl ist anders und nimmt unterschiedlich viel Wasser auf. Es kann also sein, dass die im Rezept angegebene Menge Wasser für das von Ihnen verwendete Mehl etwas zu groß oder zu klein ist. Die in den Rezepten angegebenen Wassermengen sind als Richtwerte zu sehen. Immer etwas Wasser zurückbehalten und schauen, wie sich der Teig verhält. Bei Bedarf dann noch etwas Wasser hinzufügen. Je mehr Sie mit Ihrem Teig vertraut sind, desto besser werden Sie sich mit dem Mengenverhältnis von Wasser und Mehl auskennen.

Welche Wassertemperatur ist die richtige?

Das Wasser, das für den Teig verwendet wird, sollte ca. 30 °C warm sein. Ist es deutlich kälter oder wärmer, wird der Teig nicht aufgehen. Am besten, Sie messen die Temperatur mit einem Thermometer, bis Sie ein Gespür dafür bekommen haben.

Dank

Ein großes Dankeschön gehört meiner Familie und meinen lieben Freund:innen – ohne eure Unterstützung wäre dieses Buch wohl nicht zustande gekommen.

Danke für euer Feedback und dass ich mich jederzeit bei euch melden konnte!

Ein dickes Dankeschön geht an meinem Mann Peter für seine Geduld und Unterstützung. Bester Brottester ever!

Danke Jochem – ohne deine Hilfe beim Aufbau der Küche in meinem Studio hätte ich nicht backen können.

Danke Ulli für den ersten Sauerteigstarter meines Lebens.

Danke Alex, Leila, Yvonne und Swantje, dass ihr immer an meiner Seite seid – ihr seid die besten Freundinnen, die man sich nur wünschen kann.

Danke Nina und Kerstin – meine kulinarischen Freundinnen seit der ersten Stunde.

Danke an alle meine Helfer:innen im Hintergrund, die mir stets mit Rat und Tat zur Seite standen, gegengelesen haben, Rezepte ausprobiert und unterschiedliche Brote getestet haben – ganz besonders: Lea und Christian. Danke auch dir, lieber Marc! Danke, Verena, für den fachlichen Austausch!

Ein besonderer Dank gilt auch meiner Agentin Anette Riedel, die mich so wunderbar während des Schreibens unterstützt hat. Auch bedanke ich mich bei Birte Dittmann und Lea Schmid vom Bassermann Verlag für das Vertrauen und die großartige Umsetzung.

Vielen Dank an die Foodfotografin Vanessa Jansen für die tollen Fotos – ohne diese visuelle Umsetzung wäre das Buch nicht so ansprechend geworden!

ISBN 978-3-8094-4928-7

3. Auflage 2026

produktsicherheit@penguinrandomhouse.de
(Vorstehende Angaben sind zugleich Pflichtinformationen nach GPSR.)

Text: Andrea Gottfreund

Fotos: Tanja Farwick (S. 13, 19, 21, 23, 35, 37, 45, 57, 69, 73), Vanessa Jansen (S. 4, 6, 10, 16, 25, 27, 29, 31, 33, 39, 41, 43, 47, 49, 51, 53, 55, 59, 61, 63, 65, 67, 71, 77), Andrea Gottfreund (S. 8, 11)

Illustrationen: istockphoto.com/Nadiinko, istockphoto.com/Asya_mix

Food- und Setstyling: Andrea Gottfreund

Umschlaggestaltung: Atelier Versen, Bad Aibling

Coverabbildung: Tanja Farwick

Redaktion und Producing: SAW Communications, Redaktionsbüro Dr. Sabine A. Werner, Dahn

Satz: SAW Communications in Zusammenarbeit mit Anke Enders

Herstellung: Birgit Olbrich

Projektleitung: Lea Schmid

Druck und Bindung: Alföldi Nyomda Zrt., Debrecen

Printed in Hungary

Penguin Random House Verlagsgruppe FSC® N001967